KB196979

전쟁 없는 세상

전쟁 없는 세상

Pacifism Today
A Dialogue about Alternatives to War in Ukraine

비폭력의 의미를 묻는 당신에게

마이켄 율 쇠렌센 지음
최정민 옮김
전쟁없는세상 기획

오월의봄

일러두기

1. 이 책은 *Pacifism Today: A Dialogue about Alternatives to War in Ukraine*(Majken Jul Sørensen, Sweden: Irene Publishing, 2024)를 완역한 것이다.
2. 본문 내 언급되는 도서에서 한국어판이 있는 경우에는 번역 출간된 제목으로 표기하고 원제 병기를 생략했다.

우크라이나, 러시아, 그리고 전 세계에서
전쟁을 거부하는 모든 용감한 사람들에게.

"전쟁은 비인도적 범죄다.
따라서 나는 어떠한 종류의 전쟁도
지지하지 않으며 전쟁의 모든 원인을
제거하기 위해 노력할 것이다."

—전쟁저항자인터내셔널 평화주의 선언

이 책에 대하여

저는 평화를 연구하는 학자이자 평화주의자로서 비폭력 저항과 분쟁에 대해 연구하고 있습니다. 2023년, 러시아의 우크라이나 침공이 1년을 맞이했을 때 저는 제 자신의 평화주의 신념을 깊이 고민했습니다. 고민 끝에 제가 여전히 평화주의자라는 확신을 갖게 되었고 그 생각들을 책으로 담아내기로 했습니다. 이 책은 평화주의에 의문을 제기하는 가상의 회의론자와 대화를 나누는 방식으로 구성되었습니다. 이 회의론자는 실제 인물이 아니라 그동안 제 평화주의적 입장에 의문을 제기했던 모든 사람의 목소리를 대변하는 '대리인' 역할을 합니다.

이 책에 담긴 생각들은 모두 제 개인적인 견해입니다. 저는 모든 평화주의자를 대표하지 않으며 이 책에 인용한 학자들이 모두 평화주의자인 것도 아닙니다. 저는 다만 전쟁은 잘못됐다고 믿고 다른 해결책이 반드시 있을 거라고 생각하는 사람들에게 이 책이 도움이 되길 바랍니다.

이 책이 제 단독 저작이라고 해도 모든 글은 여러 사람의 협력으로 만들어집니다. 수년 동안 평화주의와 비폭력에 대해 토론하며 주장을 다듬는 데 도움을 주신 모든 분들께 깊이 감사드립니다. 특히 이 책은 어린 시절 친구인 말레네 라벤 예르겐센이 없었다면 세상에 나오지 못했을 것입니다. 말레네는 제 주장을 글로 써서 다른 사람들과 공유하라고 설득했습니다. 크레이그 브라운, 헨릭 프라이크버그, 예르겐 요한센, 도르트 리케 홀름, 브라이언 마틴, 유리 셸리아젠코, 샤히라 타라쉬, 얀 외버그는 여러 버전의 초고를 읽고 집중할 내용이나 추가로 개발할 내용에 대해 귀중한 의견을 주었습니다. 톰 빌머 파망은 제가 10대 때 처음 만난 평화주의자 중 한 사람으로 저를 이러한 평화운동의 새로운 세계로 이끌어주었습니다. 이 대화와 관련하여 톰은 전반적으로 광범위한 의견을 주었고, 특히 회의론자에게 생명을 불어넣는 데 큰 도움을 주었습니다. 이들 덕분에 이 책은 훨씬 더 나아질 수 있었습니다. 이러한 도움에도 불구하고 책에 어떤 부족함이 있다면 그것은 당연히 저의 책임입니다.

2024년 2월 16일

마이켄 율 쇠렌센

차례

들어가며

> **회의론자:** 선생님께서는 스스로를 평화주의자라고 하시는데요. 제가 알기로, 평화주의자란 모든 전쟁과 전쟁 준비에 반대하는 사람을 의미합니다. 지금 우크라이나가 러시아의 공격에 맞서 벌이고 있는 방어 전쟁까지도 포함해서 말입니다. 이런 시기에 어떻게 평화주의자가 될 수 있습니까?

마이켄: 저는 반대의 질문을 드리고 싶습니다. 이런 시기에 어떻게 평화주의자가 아닐 수 있을까요? 현대 전쟁이 어떤 결과를 가져오는지 이토록 잘 알면서도 왜 우리는 전쟁이 아닌 다른 대안을 고려하지 않는 걸까요?

제가 평화주의자인 이유는 세 가지입니다. 첫째, 다른 사람을 죽이는 것은 그 어떤 경우에도 잘못된 일이라고 생각하기 때문입니다. 전쟁에서는 군인은 물론 민간인도 희생됩니다. 둘째, 전쟁을 치르는 데는 엄청난 피해가 따릅니다. 사회 기반시설이 파괴될 뿐만 아니라 전쟁 중에는 인권과 같이 우리가 지키고자 하는 가치들을 수호하기도 더욱 어려워집니다. 만약 전쟁이

해답이라면 지난 수 세기 동안 평화를 위해서라는 명분으로 벌어진 수많은 전쟁에 따라 지금쯤 세계 평화가 이루어졌어야 하지 않을까요? 셋째, 이 점이 가장 중요한데요. 오늘날 우리에게는 비폭력적인 방법으로 싸우는 것에 관한 많은 지식이 있습니다. 이런 지식을 무시하는 건 비합리적입니다. 제가 비폭력과 평화주의에 관심을 갖게 된 개인적인 이야기는 나중에 말씀드리도록 하고, 우선 제가 알고 있는 몇 가지 대안에 대해 이야기를 나누어보면 좋겠습니다.

> 전쟁이 끔찍하다는 점에는 전적으로 동의합니다. 우리는 전쟁을 피하기 위해 모든 노력을 기울여야 하죠. 하지만 2022년 우크라이나에서 일어난 일을 보면 러시아의 침략에 맞서기 위해서는 무장 방어 외에는 다른 선택지가 없어 보이는데요. 정말 다른 대안이 가능한가요?

러시아의 침공은 정말 끔찍한 침략행위였어요. 우크라이나 사람들이 이 침략에 맞서 싸우고 싶어 하는 마음은 충분히 이해합니다. 하지만 무기가 아닌 다른 방법으로도 싸울 수 있어요. 장기적으로 보면 비무장 방법이 인권과 민주주의를 수호하고 생명을 구하는 데 더 효과적일 수 있습니다. 미래에 평화로운 관계를 만들기도 더 수월할 거고요. 매일같이 전쟁이 계속되고 총성이 울리고 로켓이 발사되고 집이 파괴되고 인명이 손실될수록 재건과 화해는 더 오래 걸릴 겁니다. 이것이 제가 평화주의자이며 전쟁을 비인도적 범죄로 보는 이유입니다.

선생님께서 말씀하시는 비무장 투쟁이란 구체적으로 무엇인가요? 평화적 시위가 필요한 시기는 이미 지났다고 생각하는데요.

대규모 시위를 말씀하시는 것이라면 동의합니다. 적어도 점령된 우크라이나 지역에서는 지금이 평화적 시위를 하기에 적절한 때는 아닙니다. 이런 상황에서 대규모 군중이 모이는 시위는 불필요한 위험을 초래할 뿐만 아니라 성과로 이어질 가능성도 낮습니다. 물론 예외도 있었죠. 러시아 침공 초기에 슬라부티치라는 작은 마을의 시민들은 공개적으로 시위를 벌여 시장을 석방시키는 데 성공했습니다.[1] 하지만 전쟁이 진행되면서 점령세력이 군중통제 훈련을 받은 경찰에게 의존

하기 시작하면서 시민들의 공개적 행동은 점점 더 위험해졌죠.[2]

공개적으로 항의를 표현하고 싶은 사람들은 특정한 색상 조합의 옷을 입는 것처럼 작은 상징적 행동으로 시작할 수 있습니다. 실제로 지금도 우크라이나 사람들은 국가를 부르거나 우크라이나 국기를 게양하거나 파란색과 노란색 옷을 입는 등 이러한 상징적 시위를 이어가고 있어요.[3] 1951년부터 중국에 점령된 티베트에서는 달라이 라마가 저항의 상징이 되었는데요. 달라이 라마의 사진 전시가 법적으로 금지되자 노점상들은 다른 라마들의 사진을 팔면서 빈 액자도 함께 진열했습니다.[4] 티베트인들은 그 빈 액자가 달라이 라마의 자리라는 사실을 알고 있습니다. 사람들은 이 빈 액자를 집에 걸어두었습니다. 빈 액자는 저항을 상징하지만 중국 점령군은 이를 금지할 수 없었죠. 빈 액자를 금지한다는 것 자체가 우스꽝스러워 보일 테니까요.

말씀하신 것처럼 상징적인 행동들이 연대를 형성하는 데 어느 정도 역할을 할 수 있다는 점은 이해했습니다. 하지만 그것만으로는 점령자를 몰아내기에 충분하지 않을 것 같은데요.

네, 맞습니다. 그것만으로는 부족합니다. 더 대담한 행동이 필요하겠지만 꼭 대규모 군중이 모일 필요는 없다는 이야기입니다. 우크라이나 점령지에서는 파업이나 보이콧,[5] 기타 형태의 점령세력에 대한 비협조[6]가 더 나은 선택일 수 있어요. 러시아 점령정부도 다른 점령세력과 마찬가지로 국정을 방해받지 않고 어떤 형태로든 자신들의 통치에 정당성을 유지하려고 할 것입니다. 이럴 때, 즉 그들이 정당성을 가장하기 위해 지방 선거를 실시하려 한다면 유권자들은 그 선거를 보이콧할 수 있어요. 또한 그들이 학교에 러시아식 교육과정을 도입하려 한다면 학부모와 교사들이 기존의 우크라이나 교육과정을 따르는 별도의 병행 교육 시스템을 조직할 수 있습니다. 이는 많은 사람이 참여할 수 있는, 점령정부의 '일상적인 업무'를 방해하는 유형의 행동이죠. 실제로 전쟁 초기 우크라이나에서 이런 사례들이 있었습니다.[7] 하지만 보다 광범위한 규모의 보이콧을 조직하는 것은 소규모 단체의 자발적인 행동과는 다른 차원의 문제입니다. 이상적으로는 이런 대규모 비폭력 저항을 위한 준비는 러시아의 전면적인 침공이 있기 전인 2014년 러시아가 돈바스와 크림반도를 점령했을 때부터 시작되었어야 합니다. 지금은 우크라이나 주민들이 비무장 저항을 즉흥적으로 조직해야 하는 상황인데, 이미 점령된 상태에서의 조직은 사전에 준비하는 것보다 훨씬 더 어려운 일이죠.

뭐든지 그렇죠. 준비가 잘되어 있으면 더 수월해지니까요. 이 준비 문제는 나중에 더 이야기를 나눠보면 좋겠습니다. 일단 현재 상황은 이러한데 지금 이 순간 우크라이나인들은 무엇을 할 수 있을까요?

네, 우선 그 이야기부터 하는 게 좋겠습니다.

비무장
투쟁의
논리

회의론자: 말씀하신 선거 보이콧이나 학교 보이콧이 실제로 성공한 구체적인 사례를 하나만 이야기해주실 수 있습니까?

마이켄: 먼저, 저는 우크라이나에 대한 정답을 제시할 수 없으며 우크라이나나 러시아 지역 전문가도 아니라는 점을 말씀드려야겠습니다. 제가 할 수 있는 일은 비무장 투쟁에 대해 현재 우리가 알고 있는 지식을 공유하고 이것이 우크라이나 상황에 어떻게 적용될 수 있는지 설명하는 것입니다. 가능성은 매우 낮지만 만약 우크라이나 국민들이 무장 투쟁을 중단하고 오직 비무장으로 싸우기로 결정한다면 어떤 일이 일어날 수 있는지 살펴보고자 합니다. 이 이야기는 우크라이나를 가정하지만, 이 주장의 근거가 되는 사례들은 실제로 일어난 일들이에요. 첫 번째 예시는 우크라이나와 유사한 면이 있는데 80년도 더 된 사례라 너무 오래되었다고 생각하실 수도 있습니다. 하지만 저는 이 사례에서 영감을 얻을 만한 부분들이 있다고 봅니다.

2차 세계대전 중 노르웨이는 나치 독일에 점령당했어요. 1942년에는 당시 소수 정당이었던 노르웨이

나치당의 비드쿤 퀴슬링이 총리가 되었지요. 퀴슬링은 노르웨이 국민 중 극소수의 지지만을 받았고 훗날 그의 이름은 반역자의 대명사가 되었습니다. 퀴슬링은 노르웨이에 나치 이념을 전파하려는 큰 계획을 가지고 있었고, 교회와 학교부터 나치화하려고 했습니다. 또 독일의 히틀러유겐트를 본떠 10세에서 18세 사이 청소년을 대상으로 하는 의무 청소년단체도 만들었죠. 하지만 성직자, 교사, 학부모들이 하나로 뭉쳐 매우 조직적으로 저항했기 때문에 퀴슬링의 계획은 실현되지 못했습니다.

놀랍네요. 어떻게 그렇게 할 수 있었는지 궁금합니다.

교회의 사례부터 자세히 말씀드려보죠.[8] 당시 노르웨이에는 루터교 국교회가 있었고 성직자들은 국가 공무원이었지만 독자적인 의사결정 구조를 가지고 있었어요. 나치가 교회 일에 간섭하기 시작하자 주교와 사제들은 공무원직을 사임했습니다. 하지만 교인들을 위한 직무는 계속 수행했죠. 사임은 매우 위험한 결정이었음에도 총 699명의 주교와 사제 중 645명이 거의 한마음으로 공무원직에서 물러났습니다. 교회교육부 Ministry of Church and Education는 일부 직무만 사임하는 것은 불가능하다고 대응했지만 결국 현실이 되었죠. 대부분의 사제들이 더 이상 급여를 받지 못했지만 평소처럼 교회에서 계속 일했고, 다른 경제적 대책과 교인들의 지원으로 생계를 유지했습니다.

나치가 그들을 수용소로 보내거나 처형하지 않았나요?

당연히 그런 선택을 고려했을 겁니다. 여기서 중요한 건 점령자들도 표면적으로는 평온하고 통제력 있는 모습을 보이고 싶어 한다는 거예요. 만약 나치가 모든 성직자들을 처형했다면 엄청난 혼란이 초래됐을 겁니다. 모두를 수용소로 보내면 교회에는 사제가 거의 없었을 것이고 매우 비정상적인 상황이 됐겠죠. 누가 그 자리를 메울 수 있었겠습니까? 나치에 우호적인 노르웨이 출신의 교육받은 사제가 645명이나 대기하고 있던 것도 아니었고요. 또한 교사들과의 문제도 동시에 진행되고 있었기 때문에 나치로서는 교회 문제를 더 키우고 싶지 않았을 겁니다.

교사들의 경우는 이미 1941년부터 저항의 조짐이 있었습니다. 노르웨이나치당이 교사들의 직능단체를 장악하려 했을 때[9] 교사들은 단체에서 탈퇴하고 지하에서 조직을 시작했으며 모든 교사에게 명확한 지침을 전달했습니다. 그 지침에는 나치당 가입을 강요하거나 학교에 나치 선전을 도입하거나 나치 청년조직을 만드는 데 협조하도록 강요하는 모든 시도를 거부해야 한다고 명시되어 있었습니다. 이런 식으로 교사들은 어느 정도 대비를 하고 있었던 겁니다. 1942년 나치는 모든 교사들을 노르헤스 레르삼반트Norges Lærersamband라는 새로운 나치조직에 강제로 가입시키려 했습니다. 지하 교사조직은 다른 지하조직들과 함께 어떻게 대응할지 논의했죠. 교사들은 청소년 교육에 대한 새로운 지침을 따르는 것이 양심에 어긋나기 때문에 자신을 노르헤스 레르삼반트의 일원으로 생각하지 않는다는 내용의 개별 선언문을 교회교육부에 보내기로 결정했습니다.

그건 정말 위험한 선택 아닌가요? 대부분의 교사들에게 정말로 그럴 용기가 있었을까요?

놀랍게도 그들은 실제로 그렇게 했습니다. 노르웨이의 교사 1만 4000명 중 90퍼센트가 이러한 행동에 참여했어요.[10] 교사들은 어떤 위험이 닥칠지 정확히 알지 못했지만 그럼에도 위험을 감수할 만큼 중요한 일이라고 생각했고 기꺼이 행동했습니다. 선언문을 조직한 사람들은 일부 교사들이 처형될 수도 있다는 최악의 상황까지 대비했지요. 실제로도 탄압은 매우 가혹했지만 다행히 처형까지는 가지 않았습니다. 그 이유 중 하나는 조직활동가[11]들이 위험을 최소화할 방법을 잘 생각해냈기 때문입니다. 그들은 선언문을 먼저 보낸 사람들이 가장 큰 위험을 감당할 것이고 만에 하나 이들에게 가혹한 처벌이 내려지면 다른 사람들이 행동을 망설일 수 있다고 판단했죠. 그래서 모든 교사가 2월 20일 같은 날에 선언문을 제출하도록 명시한 지침을 보냈습니다.

그렇군요. 그래도 나치는 이런 집단행동에 강하게 대응했을 것 같은데요?

교회교육부의 첫 대응은 강경했어요. 선언을 철회하지 않으면 전원 해고하겠다고 위협했고 2월 25일에는 실제로 급여 지급도 중단했습니다. 하지만 교사들은 아무 일도 없다는 듯 침착하게 수업을 계속했죠. 다시 한 번 말씀드리지만 교사들의 단결력에 교회교육부는 뾰족한 대응책을 찾지 못했습니다. 앞서 말씀드린 성직자들의 경우와 비슷한데요. 그 많은 교사를 한꺼번에 해고하면 누가 아이들을 가르치겠습니까? 결국 교회교육부는 다른 핑계를 대야 했어요. 교실 난방에 필요한 장작이 부족하다는 이유로 학교 문을 닫아버린 겁니다.

한동안은 노르웨이 나치 행정부가 이 상황을 수습하려 했지만 한 달간 교착상태가 계속되고 학교들이 문을 닫자 독일 점령정부가 직접 개입했습니다. 독일 점령정부는 경찰에 남자 교사 1100명을 체포하라고 지시했고, 이는 전국적으로 이루어졌죠. 여기서 우리는 왜 대부분의 노르웨이 경찰이 그렇게 순순히 명령에 따랐는지, 만약 경찰들이 나치에 협조하기를 거부하고 교사들을 체포하지 않았다면 어떻게 됐을지 생각해볼 수 있습니다. 그랬다면 역사는 달라졌을 겁니다. 역사적 현실은 1100명의 교사가 체포되었고 그중 절반 정도가 노르웨이 북부에서 강제노역을 해야 했습니다. 교사들은 고문을 당했고 제대로 된 음식이나 거처도 제공받지 못했죠. 이런 극한 상황에서 일부 교사들은 선언을 철회하기도 했지만 대부분은 끝까지 굴복하지 않았습니다. 결국 나치는 패배를 인정하고 학교를 다시 열었습니다. 서류상으로는 교사들이 노르헤스 레르삼반트의 회원으로 남게 됐지만 나치당에 가입할 의무도 없었고 그 조직의 회원이라는 이유로 어떤 새로운 의무도 이행할 필요가 없었습니다.

이 사례에서 우리가 배울 수 있는 중요한 점은 점령세력이 정상적인 기능과 통제력에 관한 대외적인 이미지를 유지하는 게 전적으로 현지 주민들의 협조에 달려 있다는 사실입니다. 1950년대에 미국의 학자 진 샤프는 이 파업에 참여했던 노르웨이 교사들을 직접 인터뷰했습니다. 샤프는 이후 비무장 투쟁과 비폭력 이론에 관한 가장 영향력 있는 학자가 되어 《비폭력 행동의 정치학The Politics of Nonviolent Action》이라는 책을 썼는데요. 이 책에서 그는 권력 행사에는 항상 협력이 필요하며 이러한 통찰이 비폭력 행동의 역학을 이해하는 데 매우 중요하다고 설명합니다.[12]

알겠습니다. 꽤 오래전 사례지만 이해는 갑니다. 하지만 지금 우크라이나 상황에 대입해본다면 러시아는 자국 교사들을 데려와서 자기들 교육과정을 그대로 진행했을 것 같은데요?

네, 그럴 가능성이 매우 높죠. 그래서 모든 상황은 각각의 조건에 맞게 새롭게 분석하고 평가되어야 합니다. 현지 사람들이 자신의 상황을 가장 잘 알고 있겠지만 각 상황이 고유하더라도 다른 사람들의 경험에서 배우고 영감을 얻을 순 있습니다. 방금 말씀하신 것처럼 러시아가 자국 교육과정과 교사들을 데려온다면 그다음 단계로 생각할 수 있는 건 학부모들을 조직해서 자녀들을 그런 학교에 보내지 않는 것입니다. 실제로 1990년대 코소보에서 매우 흥미로운 사례가 있었는데요. 코소보의 알바니아계 주민들은 자녀들이 세르비아식 교육을 받지 않도록 별도의 교육 시스템을 구축했습니다. 수십만 명의 아이들이 여기에 참여했죠.[13] 이 사례에 대해서도 더 자세히 말씀드릴 수 있지만 교육 분야 이외의 다른 사례들도 한번 살펴보는 게 좋을 것 같네요.

그러시죠. 아까 언급하신 지방선거 보이콧은 어떤 사례인가요?

앞서 말씀드렸듯이 점령세력은 어느 정도의 정당성을 보여주고 싶어 합니다. 그래서 단순히 누군가를 임명하기보다는 제한된 후보들로라도 선거를 치르려고 하는 경우가 많죠. 러시아는 독재국가이지만 여전히 민주주의국가처럼 보이고 싶어 합니다. 이런 상황에서는 선거에 참여하지 않는 것이 비교적 안전한 저항 방법이 될 수 있습니다. 그냥 멀리 떨어져서 참여를 거부하면 되니까요.

하지만 그러면 우크라이나 국민들은 유권자로서의 권리를 전혀 행사할 수 없게 되잖아요. 그나마 덜 나쁜 후보라도 뽑는 게 낫지 않나요?

저는 그렇게 생각하지 않습니다. 덜 나쁜 후보에게 투표해서 얻을 수 있는 이득은 매우 적은 반면 국민들이 단결해서 참여를 거부할 때 보내는 메시지는 매우 강력합니다. 참여 거부는 다른 사람들에게도, 자신들에게도 중요한 신호가 됩니다. 러시아는 투표율을 높이려고 애쓰겠지만 그래도 정당성을 확보하기는 어려워지겠지요.

보이콧은 비교적 안전한 방식의 비협조라는 얘기군요. 파업도 그런가요?

점령에 대한 모든 저항에는 위험이 따릅니다. 파업의 안전성은 파업을 어떻게 진행하느냐, 그리고 파업 참가자들이 구체적으로 무엇을 하느냐에 따라 달라지죠. 전통적인 파업은 노동자들이 더 높은 임금이나 더 나은 노동조건을 요구하면서 고용주가 이를 들어줄 때까지 일을 멈추는 방식으로 발전했습니다. 이러한 파업은 시간이 지나면서 다양한 정치적 갈등상황에서도 활용되었고 위험을 최소화하기 위해 더욱 창의적인 방식으로 발전해왔어요. 예를 들어 공산주의 시절 폴란드에서는 노동자들이 대규모 시위와 함께 파업을 벌이는 오랜 전통이 있었습니다. 여러 차례 경찰과 유혈 충돌이 있었고 노동자들이 목숨을 잃기도 했죠. 하지만 1980년 독립 노조인 솔리다리티Solidarity가 결성되면서 노동자들은 다른 전술을 택했습니다. 일을 멈추고 거리로 나가는 대신 내부에서 바리케이드를 치고 공장을 점거하면서 경찰의 공격에 덜 노출되는 방식을 시도했죠. 이런 전술은 당국과의 충돌을 최소화하면서도 내부적으로 조합을 조직하고 요구사항을 발전시킬 수 있는 기회를 제공했기 때문에 건설적 저항constructive resistance[14]의 좋은 예라고 할 수 있습니다.[15]

파업은 2차 세계대전 중 나치 점령하의 덴마크에서도 저항운동을 발전시키는 데 중요한 역할을 했습니다.[16] 여러 차례에 걸쳐 파업이 한 산업에서 다른 산업으로 전국적으로 확산됐죠. 특히 주목할 만한 것은 전쟁 말미에 저항운동이 자신들의 힘을 보여주기 위해 시도한 2분 파업이라는 아이디어입니다. 저항운동은 여러 차례 2분 파업을 선언했고 그 짧은 시간 동안 덴마크는 거의 완전히 멈춰 섰습니다. 시간이 아주 짧았기 때문에 비교적 안전한 형태의 저항이었고 저항을 지지하는 거의 모든 사람이 쉽게 참여할 수 있었죠. 동시에 이는 나치에게 저항운동의 영향력을 보여주는 강력한 메시지가 됐습니다. '얼마나 많은 덴마크인이 저항운동의 말에 귀 기울이는지 보라. 다음번에 우리가 요청하면 이들이 어떤 행동을 할까?'라고 말하는 것과 같았죠. 전쟁이 끝난 후 독일 장교들은 폭력적인 저항은 쉽게 진압할 수 있었지만 비폭력 저항에는 어떻게 대응해야 할지 몰라 당혹감을 감추지 못했다고 털어놓았습니다.[17]

여러 형태의 비협조에 대해 설명해주셨는데요. 비폭력을 사용하되 더 대립적인 태도를 취하는 건 어떤가요?

비폭력 이론에서는 분산행동과 집중행동이라는 개념을 씁니다. 예를 들어 광장을 점거하거나 대규모 군중이 행진하는 집회나 시위는 많은 사람을 한곳에 모으는 전형적인 집중행동의 전술이죠. 2011년 이집트의 군중이 타흐리르 광장을 점거했던 인상적인 장면을 기억하실 겁니다. 이런 시위는 파업과 함께 30년 동안 집권했던 무바라크 대통령을 물러나게 하는 데 결정적인 역할을 했죠. 물론 많은 사람이 한곳에 모이면 강력한 힘을 보여줄 수 있는 만큼이나 앞서 말씀드린 폴란드 노동자들처럼 직접적인 공격에 취약해지기도 합니다. 노동자들이 공장을 점거했을 때 이는 여전히 집중행동 전술이었지만 그들은 스스로를 덜 위험하게 만들기 위해 기존 전술을 변형한 거죠. 하지만 만약 군대가 점거된 공장을 공격하라는 명령을 받았다면 모든 노동자가 한곳에 모여 있는 상태에서 운동 전체가 한 번에 무너질 수도 있었을 겁니다. 반면 분산행동 전술을 쓰면 흩어져서 활동하기 때문에 훨씬 적은 위험을 감수하면서도 운동에 많은 지지자가 있다는 사실을 보여줄 수 있습니다.

이슬람 인구가 많은 국가들에서는 독재정권에 항의하는 방법으로 사람들이 옥상에 올라가 '알라후 아크바르(신은 위대하다)'를 외치곤 합니다. 이는 분산행동 전술의 한 예인데, 이슬람 국가의 성직자들이 신자들의 종교적 표현을 금지하기는 어렵죠. 라틴아메리카에서는 발코니에서 냄비와 프라이팬을 크게 두드리며 항의하는 전통이 있습니다. 이런 방식은 비교적 안전한 집 안에서 시위가 이뤄지기 때문에 그 자체로 점령세력을 위협할 수는 없습니다. 하지만 얼마나 많은 사람이 저항에 참여하고 있는지를 보여줄 수 있고 이는 일부 사람들이 더 대담한 행동을 하도록 동기를 부여하는 요인이 될 수 있죠. 항의/설득[18]뿐만 아니라 비협조, 직접행동,[19] 개입[20] 등 다양한 방법을 사용하는 비폭력운동이 목표를 달성할 가능성이 더 높습니다. 또한 다양한 장소와 공간에서 여러 계층의 사람들이 참여하는 것이 중요합니다.[21] 예를 들어 학생들처럼 특정 집단에만 의존해 광장 같은 한곳에 주로 모이는 운동은 다양한 계층이 참여해 여러 형태의 비폭력 저항을 펼치는 운동보다 훨씬 더 취약할 수밖에 없습니다.

게릴라전술과 비슷하게 들리네요. 무장 투쟁과 비무장 투쟁이 서로에게 배울 점이 많겠는걸요?

네 맞습니다. 어떤 투쟁이든, 폭력적이든 비폭력적이든 상관없이 사람들은 미리 계획하고 전략을 세우고 훈련해야 합니다. 또한 정치적 상황을 정확히 읽고 상대방의 입장을 이해하는 것도 중요하죠. 상대가 무엇을 원하는지, 그것을 얻기 위해 어디까지 희생할 의향이 있는지, 어느 지점에서 양보를 끌어낼 수 있는지를 파악하는 게 핵심입니다. 또 하나 중요한 것은 자신이 가진 자원을 현명하고 전략적으로 활용하는 방법을 아는 겁니다. 러시아가 우크라이나를 침공했을 때 러시아는 더 많은 병력과 무기를 보유함으로써 주도권을 잡았습니다. 하지만 우크라이나 군대도 혁신적이었죠. 예를 들어 작은 드론을 예상치 못한 방식으로 활용해서 러시아를 놀라게 하는 식으로요. 이렇게 '상황을 읽고' 즉석에서 대처하는 능력은 비무장 투쟁에서도 마찬가지로 중요합니다.

유사점이 그렇게 많다면 무장 투쟁과 비무장 투쟁을 병행해야 하는 것 아닌가요?

절대 안 됩니다. 비무장 수단과 무장 수단은 서로 다른 논리로 작동하기 때문에 함께 사용할 수 없습니다. 군사적 논리는 물리적 힘을 사용해 통제권을 장악하는 것이고, 비무장 투쟁은 점령에 대한 협력을 거부함으로써 점령 자체를 정치적으로 불가능하게 만드는 것입니다. 군사적 투쟁은 파업이나 다른 형태의 비협조를 같이 활용하면 이득을 볼 수 있지만 비폭력적인 투쟁은 조금의 폭력에서도 이익을 얻기 어렵습니다. 오히려 단 한 번의 폭력 사건만으로도 모든 저항을 잔인하게 탄압하는 구실로 악용될 수 있죠. 그래서 비폭력 이론에서는 '비폭력 원칙'을 지키는 것이 얼마나 중요한지를 강조합니다. 많은 사람이 폭력적인 저항을 가장 효과적이라고 생각하지만 이 경우에는 상식이 완전히 틀린 겁니다. 폭력 투쟁과 비폭력 투쟁을 비교한 연구를 보면 비폭력이 더 효과적이라는 사실이 분명하게 드러납니다. 에리카 체노웨스와 마리아 J. 스티븐이 이 연구를 수행했고 2011년 《비폭력 시민운동은 왜 성공을 거두나?》라는 책에 그 내용이 실렸죠.[22]

> 그 연구는 들어본 적이 있지만 비폭력이 가장 효과적인 방법일 수 있다는 건 여전히 납득하기 어렵네요.

연구를 한 사회과학자들도 깜짝 놀랐으니까요. 연구 결과가 발표된 직후 에리카 체노웨스를 만났는데, 체노웨스는 처음에 비폭력이 효과적이라고 주장하던 학자들이 틀렸다는 사실을 증명하려고 했다고 말하더군요. 하지만 체노웨스와 스티븐의 획기적인 연구는 통계적으로 비폭력 투쟁이 폭력 투쟁보다 성공할 확률이 거의 두 배나 높다는 것을 보여줬습니다. 이건 비폭력 캠페인이 항상 성공하거나 폭력적인 투쟁이 항상 실패한다는 뜻은 아니지만 매우 분명한 경향성을 보여주죠. 체노웨스와 스티븐의 연구 이전까지 비폭력 및 민간 기반 방어civilian-based defence에 대한 연구는 주로 개별 국가 사례에 기반해서 일반화하기 어려웠습니다. 하지만 이들의 연구는 비폭력 캠페인에 주로 참여하는 사람들이 무력 투쟁을 선택하는 사람들보다 목표를 달성할 가능성이 훨씬 높다는 것을 의심할 여지 없이 보여줬습니다.

> 하지만 그 연구는 주로 민주주의국가에서 벌어진 비폭력 캠페인을 대상으로 한 것 아닌가요? 오늘날 러시아나 우크라이나에서 벌어지는 탄압은 그곳들과 비교할 수 없을 정도로 심각하잖아요.

아뇨, 민주주의국가에서 진행된 비폭력 캠페인들은 이 연구에 포함되지 않았습니다. 마틴 루서 킹이나 로자 파크스로 유명한 1960년대 미국 민권운동 같은 잘 알려진 사례들은 연구 대상이 아니었죠. 체노웨스와 스티븐은 오히려 비폭력이 성공할 가능성이 **가장 낮다고** 여겨지는 사례들, 저자들의 표현을 빌리자면 '최대 목표maximalist goals'를 가진 캠페인 사례들을 연구 대상으로 삼았습니다. 이들은 1900년부터 2006년 사이에 독재정권을 전복하거나, 분리 독립을 달성하거나, 점령세력에 맞서 싸운 모든 캠페인을 조사했죠. 총 323건이었고 여기에는 폭력 투쟁과 비폭력 투쟁이 모두 포함됐습니다. 그런 다음 이 중 얼마나 많은 사례가 목표 달성에 실패했는지, 부분적으로 성공했는지, 또는 완전히 성공했는지를 분석했습니다. 예를 들어 캠페인의 목표가 독재자 전복이었다면 성공의 기준은 독재자가 실제로 권좌에서 물러났는지 여부였고, 점령을 끝내는 것이 목표였다면 점령이 종료됐는지가 성공의 기준이었죠.

정말 흥미롭네요. 점령세력에 맞서 싸운 사례에 대해 자세히 알려주세요.

체노웨스와 스티븐은 78개의 캠페인을 '점령 반대'운동으로 분류했습니다. 여기에는 성공적인 비폭력 점령 반대 사례들이 포함되어 있는데, 1990년대에 인도네시아로부터 독립한 동티모르[23]나 1923년 프랑스 점령에 맞선 독일 루르 지역의 비폭력 투쟁[24] 같은 사례입니다. 물론 1956년 헝가리[25]나 1968년 체코슬로바키아[26]처럼 소련의 점령에 맞서 조직되지 않은 비폭력 저항을 시도했지만 실패한 사례들도 있습니다. 체노웨스와 스티븐의 연구 결과를 보면 점령에 맞선 투쟁에서는 폭력과 비폭력의 성공률이 각각 36퍼센트와 35퍼센트로 거의 비슷했어요. 하지만 자치권이나 권력 공유와 같은 부분적인 성공을 따져보면 비폭력이 무장 투쟁보다 훨씬 더 높은 성공률을 보였습니다.

> 점령 반대운동에서 폭력과 비폭력의 성공률이 거의 같다면, 어째서 우크라이나의 비폭력 전략이 무력 방어보다 더 낫다고 확신하시는 거죠?

거기에는 두 가지 중요한 이유가 있습니다. 첫째, 우리는 전쟁의 결과도 함께 고려해야 합니다. 제가 보기에는 인명 손실이라는 측면에서 사람들이 치르는 대가가 너무 큽니다. 여기에 인프라가 파괴되면서 발생하는 인도주의적 재앙과 수십 년 동안 이어질 수 있는 폭력적 분쟁의 가능성까지 더해지죠. 둘째, 꼭 성공률이 가장 낮은 점령 반대운동의 사례에서만 교훈을 얻을 필요는 없습니다. 점령 상황과 정권 교체 상황은 매우 비슷한 점이 많기 때문에 연구의 또 다른 분야인, 독재정권을 전복하려는 운동에서도 많은 영감을 얻을 수 있습니다. 독재 정권하에서는 국민들이 자신의 정부에 의해 '점령'된 것이나 다름없기 때문에 둘은 유사점이 매우 많죠.[27] 독재정권 반대운동에서는 비폭력 투쟁의 성공률이 점령 반대운동보다 훨씬 높습니다. 비폭력은 59퍼센트의 성공률을 보였지만, 폭력은 27퍼센트에 불과했어요. 이는 체노웨스와 스티븐의 논문에 나온 통계입니다. 더 최근의 논문에서 체노웨스는 2010년부터 2020년까지의 비폭력운동이 그 이전 수십 년의 운동에 비해 성공률이 감소했음을 보여줍니다. 하지만 폭력 캠페인의 성공률은 그보다 더욱 감소했기 때문에 결과적으로 보자면 비폭력운동이 1:4의 비율로 우세합니다.[28]

왜 그렇게 됐나요?

체노웨스가 몇 가지 설명을 제시하는데요. 이에 대해 이야기하기 전에 체노웨스와 스티븐의 연구가 받은 비판에 대해 먼저 언급하고 싶습니다.

그렇게 하시죠.

이런 유명한 연구는 늘 비판을 받기 마련입니다. 예를 들어, 특정 사례의 세부사항을 잘 아는 연구자들이 사례 분류가 잘못되었다고 지적할 수 있죠. 가장 체계적인 비판은 체노웨스와 스티븐의 연구 사례들과 추가 사례들을 독자적으로 연구한 알렉세이 아니신이 제기했습니다. 아니신은 두 가지 중요한 문제를 지적했어요. 우선 그는 더 많은 사례를 포함하기 위해 1900년이 아닌 1800년 사례부터 연구를 시작했습니다. 이 시기에는 비폭력운동이 없었을뿐더러 어떤 형태로든 폭력을 수반한 운동이 다수였고 그중 대부분이 성공했죠. 이렇게 되면 통계적으로 폭력 캠페인의 성공률이 더 높아지게 됩니다. 또한 아니신은 '폭력적'과 '비폭력적'이라는 두 가지 범주는 너무 단순하다고 주장했습니다. 그래서 '비무장 폭력unarmed violent'과 '반응 폭력reactive violent'이라는 두 가지 범주를 추가했죠. '비무장 폭력' 범주에는 폭동rioting,[29] 돌 던지기, 화염병 사용, 차량과 건물 방화 같은 것들이 포함됩니다. '반응 폭력' 범주는 앞서와 동일한 방법을 쓰지만 그것이 상대방의 폭력에 대한 반응으로 일어나는 경우를 말합니다.[30] 제가 알기로는 체노웨스와 스티븐이 아니신의 비판에 대해 직접 언급하지는 않았어요. 하지만 다른 세 명의 연구자들이 이에 대해 상세한 반박을 내놓았습니다. 모

니카 온켄, 달리라 셰미아-구케, 브라이언 마틴은 아니신의 비판을 자세히 검토하면서 몇 가지 문제점을 지적했습니다. 이들은 체노웨스와 스티븐의 캠페인 분류 방식에 있어서는 아니신보다 훨씬 더 비판적인 입장을 취하기도 했죠.[31]

> 저는 아니신의 비판이 매우 타당하다고 봅니다. 비무장한 사람들도 폭력을 행사할 수 있고, 그런 폭력의 영향도 무시할 수 없지 않나요?

전적으로 동의합니다. 비무장 저항을 더 잘 이해하려면 비폭력운동에서 발생하는 사보타주, 폭동, 그리고 다른 형태의 비무장 폭력이 어떤 영향을 미치는지 꼼꼼히 분석해야 합니다. 하지만 단순히 비무장 폭력이 있었다는 사실을 확인하는 것만으로는 부족합니다. 그런 폭력이 투쟁 과정에서 어떤 역할을 했는지까지 살펴봐야 하죠. 체노웨스와 스티븐, 그리고 아니신이 수행한 통계 연구에서 폭력/비폭력과 성공/실패 사이에는 상관관계가 있는 것으로 나타나지만 상관관계가 있다고 해서 인과관계를 설명하지는 못합니다. 즉, 비무장 폭력이 있었다고 해서 그것이 반드시 비폭력운동의 성공에 기여했다고 볼 수는 없다는 뜻입니다. 오히려 비무장 폭력 때문에 투쟁 기간이 더 길어졌을 수도 있지 않을까요? 이런 질문에 답하려면 각 사례의 세부 내용을 면밀히 살펴보는 질적 연구가 필요합니다. 이런 상세한 연구를 통해 비무장 폭력이 운동의 필수적인 부분이었고 성공에 중요한 역할을 했다는 결론이 나올 수도 있습니다. 아니면 어떤 경우에는 폭동이 정권의 더 강경한 탄압을 부르는 구실이 되었다는 분석이 나올 수도 있겠죠. 이런 세부 연구는 폭력이 어떤 영향을 미치는지 구체적으로 보여줍니다. 앞서 비폭력 이론에서는 비폭력 원칙의 준수를 주장한다고 말씀드렸는데요. 이는 아무리 작은 폭력행위라도 역효과를 낳을 수 있다는 논리입니다. 그런 폭력이 모든 저항세력을 가혹하게 탄압하는 구실로 쉽게 악용될 수 있기 때문이죠. 제가 보기에 아니신은 비무장 폭력이 정부의 잔인한 탄압을 부를 위험을 상쇄할 만큼 운동에 어떤 이익을 줄 수 있는지 제대로 설명하지 못하고 있습니다.

그 연구자가 직접 언급하지는 않았더라도
사보타주와 폭동을 활용하는 것에 찬성하는

근거는 많이 있을 텐데요.

물론 사보타주와 폭동으로 얻을 수 있는 잠재적 이점에 대해 이야기할 수는 있겠죠. 하지만 그에 따르는 위험도 반드시 함께 고려해야 합니다. 예를 들어 저는 제 논문에서 비폭력 관련 문헌들이 나치 점령에 대한 덴마크의 비폭력 저항을 너무 미화하고 단순화한다고 비판한 적이 있습니다. 비폭력이 얼마나 효과적이고 다른 사람들에게 영감을 줄 수 있는지 보여주고 싶은 마음에 당대의 매우 복잡했던 상황을 일부 저자들이 지나치게 단순화하는 경향이 있었죠. 덴마크인과 독일인 사이의 내부 갈등을 간과하고 전쟁 기간 동안 점령 조건이 상당히 변화했다는 사실도 무시했습니다. 이런 변화는 덴마크 내부의 정치상황과 전쟁 중 독일의 군사적 손실 증가로 일어난 것이었어요.

일부 저자들은 전쟁물자 생산에 쓰이는 철도와 공장에 대한 사보타주가 비폭력 저항과 어떻게 얽혀 있었는지도 제대로 다루지 않았습니다. 나치가 사보타주에 대한 보복으로 민간인들을 무작위로 처형하면서 덴마크인들은 엄청난 대가를 치러야 했습니다. 그럼에도 저항운동 참여자들은 그만한 가치가 있다고 생각했기에 계속 싸웠죠. 철도 파괴가 독일군의 병력과 물자 수송을 지연시켜 전쟁 수행 능력에 큰 타격을 주었다는 믿음은 전쟁 중에도, 전쟁 후에도 널리 퍼져 있었습니다. 하지만 이런 철도 사보타주의 효과에 대한 신화는 1971년 한 덴마크 역사가의 연구로 무너졌습니다. 실제로는 독일군에 거의 영향을 미치지 못했고, 사보타주로 인한 물자 수송의 지연도 최대 이틀에 불과했다는 사실이 밝혀졌어요.[32] 물론 당시 덴마크 사람들은 이런 사실을 몰랐습니다. 그 당시 사람들의 사기에는 사보타주가 중요한 영향을 미쳤을 것으로 추정할 수는 있습니다. 앞서와 같은 사실을 밝혀낸 역사가가 사보타주의 이런 측면까지 연구하지는 않았지만요.

사보타주와 폭동도 점령세력이 원하는 평온한 상태를 깨뜨리는 요인이 될 수 있습니다. 점령군이 더 많은 병력과 자원을 점령 유지에 투입해야 하니 그만큼 전선에서 전쟁을 치르는 데 쓸 수 있는 전력이 줄어듭니다. 저는 비폭력을 연구하는 학자들 사이에서 이런 측면에 대한 논의가 좀 더 필요하다고 봐요. 이걸 제대로 논의하려면 사보타주와 폭동의 역할을 열린 마음으로 평가하고 이것들이 어떻게 비폭력운동을 도울 수 있는지, 또 그 대가는 무엇인지를 종합적으로 살펴봐야 합니다. 이런 과격한 방법 없이도, 좀 덜 위험한 비폭력적 방법으로도 점령세력이 갈망하는 안정된 상태를 방해하고 사람들의 투쟁 정신을 북돋을 수 있을지도 모릅니다. 앞서 우크라이나와 관련해 몇 가지 방법을 언급했는데 이런 사례를 역사 속에서 더 찾아볼 수 있어요. 예를 들어 2차 세계대전 당시 덴마크에서 저항운동을 조직한 자유위원회Freedom Council의 내부 보고서를 보면 흥미로운 내용이 있습니다. 폭동이나 사보타주보다 파업이 독일군의 전쟁 수행에 더 큰 타격을 줬다는 거예요. 이 보고서는 저항운동이 몇 년 동안 사보타주를 벌이다가 1944년 '인민 파업people's strike'이라고도 알려진 대규모 총파업[33]을 성공적으로 조직하고 난 뒤에 작성된 것입니다.[34] 하지만 이러한 중요한 통찰은 덴마크에서조차 거의 알려지지 않았습니다. 여전히 영웅적인 사보타주 활동에 대한 이야기가 더 널리 퍼져 있죠.[35]

덴마크 이야기도 흥미롭고 세세한 부분까지

알려주시니 좋네요. 하지만 선생님이 좋아하시는 이 연구에는 여러 문제가 있어 보여요. 그리고 왜 비폭력이 우크라이나를 위한 최선의 방법이라고 생각하는지에 대한 제 질문에도 아직 답을 못 들은 것 같은데요.

참고로 체노웨스와 스티븐의 연구는 제가 가장 좋아하는 연구는 아닙니다. 제가 흥미를 두는 것은 정확한 수치가 아니라 그 연구로 밝혀지는 전반적인 경향입니다. 1900년 이후를 보면 독재자나 점령군을 몰아내는 데 비폭력이 폭력보다 더 효과적이었다는 사실은 의심할 여지가 없습니다. 체노웨스는 최근 비폭력 캠페인의 성공률이 떨어지는 이유에 대해서도 흥미로운 분석을 했습니다. 그가 지적하는 요인 중 하나는 권위주의 정권과 점령자들도 시간이 지나면서 관찰하고 학습한다는 겁니다.[36] 과거의 독재자들은 비폭력 조직화를 그다지 위협적으로 보지 않았을 수 있습니다. 폭력만이 진정한 변화를 가져올 수 있다는 대중의 믿음을 그들도 공유했기 때문이죠. 하지만 오늘날 독재자들은 비폭력 봉기로 정권이 무너지는 모습을 목격했습니다. 지금의 독재자들은 비폭력 조직을 매우 두려워하며 이전의 독재정권들보다 훨씬 더 빠르고 강력하게 탄압을 시작합니다. 러시아가 대표적인 예인데요. 이에 대해서는 나중에 더 자세히 이야기해볼 수 있을 것 같습니다.

저항운동이 통제할 수 없는 독재자들의 이런 학습효과 말고도 체노웨스는 비폭력 캠페인의 성공률이 떨어지는 다른 이유들도 분석했습니다. 우선 2010년부터 2020년까지를 보면 대규모 시위대의 인상적인 결집은 많이 목격됐으나 전반적으로 이전 몇십 년의 비폭력운동들에 비하면 절정기의 규모는 더 작아졌다는 겁니다. 이는 체노웨스와 스티븐의 초기 연구가 비폭력운동의 성공 요인으로 다양한 계층의 대규모 참여를 꼽았다는 점에서 주목해야 할 변화입니다.

체노웨스는 최근의 운동들이 대규모 거리 시위에만 지나치게 의존하고 있다는 점도 지적합니다. 이런 운동은 더 다양한 비폭력 방법을 사용하는 운동에 비해 탄압에 훨씬 취약하다는 거죠. 앞서 이야기했듯이 비협조를 행동 목록에 추가하면 정권이나 점령자에게 경제적 타격을 입힐 가능성이 훨씬 더 커집니다. 체노웨스가 지적하는 세 번째 요인은 최근 운동들이 디지털 조직화에 크게 의존하다보니 감시의 위협에 취약하다는 점입니다. 디지털 조직화에 대한 지넵 투페치의 연구는 많은 사람을 빠르게 모을 수 있는 장점이 어떤 대가를 치르게 하는지 잘 보여줍니다. 인터넷 이전 시대의 운동은 사람들을 모으기 위해 인프라를 구축해야 했고 이는 장기적으로 탄력적인 운동을 만들어냈습니다. 오늘날에는 이런 회복력을 다른 방식으로 만들어내야 합니다. 단순히 많은 사람을 한자리에 모으는 것만으로는 정치적 압력을 만들어내기에 부족하다는 점을 투페치의 연구는 보여줍니다.[37]

체노웨스가 지적한 최근 비폭력 캠페인의 성공률이 떨어지는 마지막 요인은 오늘날 더 많은 운동에 폭력을 행사하는 과격파가 포함되어 있다는 점입니다. 이들은 비폭력 원칙을 약화시키고, 가혹한 탄압의 구실을 정부에 제공합니다. 이러한 폭력 중 일부는 정부의 프락치가 조장하기도 하는데, 모든 저항을 탄압할 구실을 마련하기 위해서죠. 지금까지 말한 이 모든 것은 우크라이나를 포함한 미래의 운동이 조직하고 전략을 짜고 훈련할 때 참고하고 배워야 할 교훈들입니다. 앞으로의 운동 참여자들은 비폭력만의 독특한 논리를 더 잘 이해할 수 있을 거예요. 그건 군사적 논리와는 완전히 다른 것입니다.

무슨 뜻인가요?

비무장 투쟁의 핵심은 무장한 측(예를 들어 점령세력)과 비무장 측이 전혀 다른 방식으로 움직인다는 점을 이용합니다. 진 샤프는 이를 '정치적 주짓수'라고 표현했는데요. 주짓수 같은 아시아 무술에서처럼 상대방의 힘을 역으로 이용한다는 뜻입니다. 상대가 온 힘을 다해 공격해올 때 그 힘을 반대로 돌려 상대가 중심을 잃게 만드는 것이죠. 비무장 투쟁의 원리도 이와 같습니다. 러시아 점령세력이 비무장 저항자들을 억압하고 죽이면서 강압적 힘을 쓸 때 그 힘을 역이용해서 러시아에 불리하게 작용하도록 만드는 것입니다. 비폭력학자 브라이언 마틴은 샤프의 이론을 더 발전시켜 점령군의 공격이 어떻게 그들 자신에게 부메랑처럼 돌아갈 수 있는지를 연구했습니다.[38] 예를 들면 무슨 일이 벌어지고 있는지 알림으로써 러시아 당국의 행동에 대해 문제를 인식하고 관심을 갖게 만드는 것입니다. 이때 중요한 건 누구에게 알리느냐입니다. 현재 이 문제에 무관심하거나 푸틴 정권을 지지하는 러시아 국민들, 그리고 러시아에 크게 비판적이지 않은 나라들을 목표로 삼아야 합니다. 브라질, 중국, 인도네시아, 남아프리카공화국과 같은 곳이 여기에 해당하죠. 서구 국가들은 이미 충분히 러시아의 행동을 우려하고 있으니 이들을 설득할 필요는 없습니다.

매우 흥미로운 관점이네요. 더 자세히 들어보고 싶습니다. 하지만 그 전에, 우리가 아직 충분히 다루지 못한 '위험'이라는 주제로 잠시 돌아가보면 어떨까요?

위험한 실험,
비무장 투쟁

회의론자: 우리는 앞서 위험에 대해 얘기했습니다. 조직을 분산시켜서 공격에 덜 취약하게 만들 수 있다고 말씀하셨고요. 하지만 선생님의 주장은 모든 시민이 용감하게 저항한다는 전제 위에 있습니다. 만약 우크라이나 시민들이 너무 두려워서 저항할 용기를 내지 못한다면요? 러시아 정권이 저항운동의 지도자들을 모조리 죽이는 등 무자비하게 탄압할 텐데 말이에요.

마이켄: 비무장 저항에도 지금 진행 중인 전쟁만큼이나 용기와 희생이 필요합니다. 많은 사람이 우크라이나를 위해 목숨을 바치는 젊은 군인들을 응원하고 있잖아요. 저는 이 두 가지 희생이 크게 다르지 않다고 봅니다. 둘 다 자신의 목숨보다 더 소중한 가치를 위해 기꺼이 위험을 감수하는 거니까요. 물론 살아남고 싶어 하는 건 당연하고요. 비무장 저항도 희생이 따르긴 하지만 전쟁보다는 인명 피해가 훨씬 적을 가능성이 높습니다. 그리고 우크라이나 국민이 아닌 우리도 그들의 비무장 투쟁을 도울 방법이 많다는 걸 잊지 말아야

합니다. 평화운동에서 최근 수십 년간 가장 흥미로운 발전 중 하나는 국제 동행international accompaniment 또는 '비무장 경호unarmed bodyguard'라는 실험이에요. 이미 우크라이나의 최전선 근처에서도 실행되고 있는데요. 점령상황에서 대규모로 시도된 적은 아직 없습니다. 하지만 저는 이 행동에 엄청난 가능성이 있다고 봅니다. 제대로 된 위치에 있는 사람들이 국제 동행에 나선다면 푸틴 정부는 매우 취약할 것입니다.

> 무기도 없이, 공격자에게 위해를 가할 의사도 없이 누군가를 보호하겠다는 건 너무 순진한 발상 아닌가요? 비무장 경호가 어떤 차이를 만들 수 있을지 의심스럽네요.

밤길에 위험을 느껴본 적 있는 여성들이라면 이 논리를 이해할 겁니다. 함께 있으면 더 안전하잖아요. 혼자 걷지 않고 친구와 같이 가는 거죠.

비무장 투쟁에는 앞서 말씀드린 것처럼 파업을 조직하는 노조, 청년단체, 지역조직, 종교공동체 등 다양한 그룹과 지도자가 존재합니다. 이들 중 일부가 탄압의 표적이 될 때 국제 감시자가 있다면 활동의 여지를 만들 수 있어요. 감시자의 존재는 그 자체로 끔찍한 일이 일어나는 건 막을 수 없어도 탄압이 드러나도록 할 수는 있습니다. 이들은 비무장 투쟁에 참여하는 사람들이 받는 공격, 학대, 또는 그들의 실종이나 사망을 알리고 이를 문서화합니다. 이러한 문서는 나중에 법정 소송에서 중요한 증거가 될 수 있을 뿐 아니라 즉각적인 효과도 있습니다. 누군가 지켜보고 있다는 사실을 알면 러시아 점령세력도 탄압을 자제할 가능성이 높아집니다. 이는 비무장 저항자에게 투쟁을 조직할 수 있는 작은 숨통을 터주는 일과도 같습니다.

> 하지만 러시아가 정말 자제를 할까요? 러시아가 자국 내와 점령지에서 전쟁 범죄와 민간인 학살, 잔혹한 살상, 독립조직에 대한 대대적인 탄압을 자행했다는 많은 기록이 있잖아요.

맞습니다. 그러나 학살은 주로 전쟁 중에 일어났고 군인들은 아무도 자신들의 행위를 밝혀내거나 책임을 물을 수 없을 거라고 생각했습니다. 지금 우리가 얘기하는 건 점령상황이에요. 점령자가 어떤 형태로든 정당성을 유지해야 하는, 매우 다른 상황입니다. 이런 상황에서는 일반적으로 전쟁 중일 때보다 투명성이 좀 더 확보될 수 있습니다. 민간인 학살이 벌어질 가능성도 전쟁보다는 훨씬 낮죠. 러시아 정부가 모든 조직을 철저히 감시하더라도 국내외 지지세력의 우려를 사지 않고 감행할 수 있는 탄압에는 한계가 있습니다.

불가능한 이야기처럼 들리지만 일단 계속 들어볼게요. 그렇다면 누가 그런 위험한 일을 하려고 하겠습니까?

앞서 비폭력의 특별한 역학관계를 설명하면서 남아프리카공화국, 브라질, 인도네시아처럼 현재 러시아를 지지하거나 적어도 러시아에 반대 목소리를 내지 않는 국가들에 압력을 가해야 한다고 말씀드렸죠? 그 나라 국민들이야말로 우크라이나 점령지에서 감시자와 국제 동행을 주도하기에 딱 좋은 위치에 있습니다. 이건 정말 새로운 시도가 될 거예요. 지금까지의 국제 동행은 매우 다른 맥락에서 사용되었기 때문이죠. 사례를 말씀드려볼게요. 라틴아메리카에서 국제 동행을 받았던 사람들 중에는 동행이 없었다면 지금쯤 죽었을 거라고 말한 분도 있어요.[39]

국제 동행의 첫 번째 사례는 1980년대 니카라과에서 산디니스타와 콘트라 간의 전쟁[40] 중에 평화를위한증인Witness for Peace이라는 단체가 미국 시민들을 보낸 경우입니다. 이는 비무장 동행이라는 전술의 '발견'으로 불리며 큰 변화를 가져왔죠. 당시 민주적으로 선출된 사회주의 정부에 반기를 들고 싸우던 콘트라는 미국 정부의 지원을 받았습니다. 미국 정부가 콘트라에 무기도 대주고 훈련도 시켜줬죠. 그러니까 미국 시민들이 니카라과에 가서 자국 정부가 개입한 전쟁의 결과를 직접 목격하게 된 셈입니다. 콘트라 반군은 니카라과 사람들과 함께 살기 위해 온 미국 시민을 죽이면 어떤 일이 벌어질지 걱정했기 때문에 스스로 조심할 수밖에 없었어요. 제가 우크라이나에 제안하는 시나리오도 이와 같습니다. 러시아는 우크라이나에 감시자로 온 브라질, 인도네시아 혹은 남아프리카공화국의 민간인을 죽이면 어떻게 될지 걱정하며 조심할 것입니다.

두 번째는 국제평화단Peace Brigades International의 사례입니다. 평화를위한증인이 니카라과에 미국 시민을 파견할 무렵 국제평화단은 미국의 지원을 받는 군사 독재정권이 통치하던 과테말라에 첫 자원활동가를 파견했어요. 과테말라 정부는 인권운동가들을 괴롭히고 살해했지만 동시에 '문명화된' 모습을 보이고 싶어 했죠. 이 때문에 서방국가에서 온 자원활동가들이 인권활동가들을 어느 정도 보호할 수 있었고, 때로는 위험에 처한 사람들과 24시간 동행하기도 했습니다. 이들이 어느 정도 안전을 제공할 수 있었던 건 공격자와 물리적으로 맞설 수 있었기 때문이 아니라 그들의 존재가 국제적인 우려를 대변했기 때문입니다. 이들은 공격이나 괴롭힘을 목격하면 즉시 자신들의 네트워크와 서방국 대사관에 경보를 발령했습니다. 평화를위한증인과 국제평화단은 각 지역의 특수한 상황을 파악해 그것을 활용했지만 1980년대 이후로 이 개념은 상당히 발전했고 현재는 더욱 많은 단체가 국제 동행을 제공하고 있습니다. 비폭력평화대Nonviolent Peaceforce 같은 단체는 자원활동가가 아닌 유급직원을 현장에 배치하는 식으로 매우 전문적으로 활동하고 있죠. 이 단체는 이미 우크라이나에서도 활동 중입니다. 우크라이나가 통제하는 우크라이나 일부 지역, 최전선 근처의 불안정한 지역, 러시아군이 강제 철수한 지역에서요. 이곳에서 국제 동행자들은 현지 자원활동 동행자들과 함께 위험에 처한 가족을 대피시키는 등의 활동을 지원합니다. 물론 제가 말씀드리는 점령된 우크라이나에서의 국제 동행 시나리오는 상황이 매우 다릅니다. 그럼에도 불구하고 국제 동행의 관행을 더욱 발전시킬 수 있는 엄청난 잠재력이 있다고 봅니다.

그런데 푸틴 정권이 그런 감시자들을 우크라이나 점령 지역에 들여보낼 리가 없잖아요. 굳이 왜 그러겠어요?

그렇다면 이렇게 생각해볼 수 있죠. 푸틴 정부가 점령 지역에 감시단을 받아들일 수밖에 없는 상황은 어떤 상황일까? 이건 결국 누가 요청하느냐에 달려 있습니다. 예를 들어 러시아가 의존하는 브라질이나 남아프리카공화국 같은 개별 국가, 또는 그 국가들이 집단적으로 요구하면 러시아 정권으로서는 거부하기가 쉽지 않을 거예요. 이들 국가는 민주주의 체제이면서도 서방국과 좋은 관계를 유지하길 원하기 때문에 러시아에 압력을 가하고 있다는 모습을 보여줄 필요가 있습니다. 그런 맥락에서 감시단 파견 요구에 관심을 보일 수 있죠. 물론 앞서 말씀드렸듯이 점령 중에 이런 시도가 이뤄진 적은 없어요. 니카라과나 과테말라에서처럼 효과가 있을 거라고 장담할 수도 없고요. 그래도 시도해 볼 가치는 있다고 생각합니다.

점령상황에 대한 말씀은 잘 들었습니다. 그럼 현재 우크라이나군이 점령에서 벗어나기 위해 군사적 수단으로 싸우고 있는 지역은 어떻게 해야 할까요? 그냥 항복하고 무기를 내려놓으라는 말씀인가요?

무기를 내려놓되 절대 항복해서는 안 된다고 봅니다. 앞서 말씀드린 비무장 저항 방법을 쓴다는 건 투쟁을 포기하는 것이 아니라 다른 수단으로 계속 싸운다는 뜻이거든요. 많은 사람에게 직관적으로 와닿지 않을 수 있지만, 전쟁의 결과와 비무장 저항의 가능성에 대한 현재의 연구 결과들이 비무장 저항의 효과성을 입증하고 있습니다. 장기적으로 보면 이것이 우크라이나 민간인들에게 최선의 이익이 될 거예요. 이미 살펴봤듯이 러시아의 점령은 잔혹하고 사람들은 안전하지 않지만 그럼에도 불구하고 전쟁보다는 비무장 수단으로 점령에 맞설 때 희생자가 덜 나올 수 있거든요. 저는 점령하에서라도 살면서 계속 저항하는 게 죽는 것보다 낫다고 생각합니다. 제가 사랑하는 사람들도 전쟁터에서 죽는 것보다는 차라리 점령하에서라도 살아 있는 모습을 보고 싶습니다. 물론 이건 다 가정일 뿐이에요. 우크라이나 군대가 갑자기 무기를 내려놓진 않을 테니까요. 다만 저는 적극적인 비폭력 저항에 기반한 평화주의적 입장이 왜 합리적인지 설명하고 싶었을 뿐이에요.

> 하지만 다른 사람에게 어떻게 싸워야 한다고 말할 권리는 없지 않습니까!

당연히 우크라이나 국민들이 결정해야 할 문제라는 데 전적으로 동의합니다. 다만 제 생각을 물으셨고 저는 현대 전쟁과 비무장 투쟁에 대한 사회과학의 연구 결과를 바탕으로 답변을 드리고 있는 것입니다.

> 우크라이나뿐만 아니라 푸틴 정권에 위협을 느끼는 모든 나라에 대한 너무 순진한 대답 같아요. 군대를 해산하고 침략에 맞서 비무장 투쟁을 시작하라고요?

그렇습니다. 그것이 평화주의자의 입장입니다.

그럼 모두가 푸틴의 지배를 받도록 내버려두자는 건가요?

다시 한번 말씀드리지만 저는 누구의 지배를 받도록 내버려두자는 얘기를 한 적이 없습니다. 점령자가 누구든 모든 사람은 점령세력에 맞서 싸울 준비가 되어 있어야 합니다. 잠시 상상해봅시다. 러시아처럼 완전 무장한 국가가 군대도 없는 주변 나라들에 둘러싸여 있다고 가정해보는 거예요. 위협적이지도 않은 나라들을 상대로 수십 억 달러를 무장에 쏟아붓는 지도자를 러시아 국민들이 얼마나 오래 받아들일 수 있을까요? 설령 러시아가 중무장을 하고 이웃 국가들을 침략할 기회를 계속 노린다 하더라도 단호하게 저항을 준비해온 유럽 전역의 국민들이 강하게 맞선다면 이들을 통제하는 데 얼마나 막대한 자원이 필요하겠습니까?

저는 모르겠네요. 이건 선생님 쪽의 게임이니까요. 하지만 민간인 사망자 수는 엄청나게 늘어날 것 같은데요.

저는 비무장 투쟁을 인간이 시행착오를 통해 배워가는

현재진행형 실험이라고 봅니다. 인류는 수 세기 동안 전쟁을 실험해왔지만 그 모든 전쟁이 지구상의 대다수 사람들에게 번영과 행복을 가져다주지 못했잖아요. 그러니 저는 제안하고 싶습니다. 전쟁과 불의에 맞서는 비무장 투쟁에도 몇 세기 동안 기회를 줘보자고요. 그리고 장기적으로 어느 쪽이 더 나은 결과를 가져오는지 평가해보자는 거죠.

군인이든 민간인이든 생명을 잃는 건 모두에게 비극입니다. 다만 사람들은 대개 민간인 희생에 더 민감하게 반응하죠. 실제로 대부분의 현대 전쟁을 보면 전장의 군인보다 민간인 희생자가 훨씬 더 많고요. 우크라이나 전쟁은 예외일 수 있다는 조짐이 있긴 하지만 이 전쟁이 우크라이나 사회에 미친 영향은 참담합니다. 제가 보기에는 지금 러시아의 침략에 맞서 싸우는 데 사용되는 방식은 부작용이 너무 커서 얻는 것보다 치르는 대가가 더 큽니다. 지금까지 우크라이나에서 사망한 민간인의 수는 다른 현대 전쟁에 비해 적었을지 모르지만, 생명존중 의식이 약해지고 인권이 침해되고 전쟁과 관련된 부패가 판을 치면서 우크라이나 사회는 심각하게 망가져가고 있어요.[41] 한 가지 예를 들면 우크라이나는 지금 양심적 병역거부와 관련된 모든 활동을 철저히 탄압하고 있습니다. 현재 우크라이나의 평화주의자와 징집기피자들은 이 문제를 언급하는 것만으로도 매우 위험한 처지에 놓입니다. 이제는 이런 군사주의가 우리 사회에 어떤 해악을 끼치는지 진지하게 따져봐야 할 때라고 생각합니다.[42]

평화주의,
군사주의,
무기 수출

회의론자: 계속 군사주의가 문제라고 하시면서 무장 투쟁에 반대하시는데요. 우크라이나 사람들에게는 이런 얘기가 와닿을 것 같지 않아요. 지금 당장은 우크라이나 국민들이 요구하는 무기를 지원해서 그들의 생존을 도와야 하는 거 아닌가요?

마이켄: 동의하기 어렵네요. 우크라이나에 무기를 보내는 것은 우크라이나 사람들의 생존에 도움이 되지 않습니다. 저는 평화 구축을 위한 노력과 함께 민주주의, 인권, 정의, 생명존중을 위해 목소리를 내는 이들을 지지해야 한다고 생각합니다. 이건 우크라이나든 러시아든 어디서든 마찬가지죠. 고통이 길어지고 평화로운 공존의 가능성은 더 멀어질 뿐이라는 걸 알면서도 무기를 보내는 건 말이 안 됩니다. 이건 매우 위험한 선택이기 때문에 저는 지지할 수 없습니다.

지극히 온정주의적인 이야기라고 생각하지 않으십니까?

제 의견을 온정주의적이라 생각하셔도 좋습니다. 하지

만 무기에 대한 요구는 군사주의가 만든 결과예요. 군사주의는 마치 전염병처럼 퍼져나가죠. 주변 사람들이 모두 군사적 대응만이 유일한 해결책이라고 믿으면 '전쟁으로는 이 상황을 절대 해결할 수 없다'는 말을 꺼내기가 매우 어려워집니다. 도구 상자에 망치밖에 없으면 모든 문제가 못처럼 보이는 것과 마찬가지예요. 군사주의는 현대사회 거의 모든 곳에 만연해 있습니다. 영화나 문학, 정치인들의 연설에서도 폭력과 무장투쟁이 낭만적으로 미화됩니다. 이런 사회에서는 평화주의자나 반군사주의자의 목소리가 설 자리가 거의 없습니다. 관용적이고 자유주의적이며 민주적이라고 자처하는 스웨덴에서조차 전통적으로 반군사주의적이거나 적어도 전쟁에 회의적이었던 언론마저 '우크라이나에 무기를 더 보내라'고 외치고 있습니다. 주류 언론에서는 '무기를 더 보내라'는 말만 들리고 주변에서는 '당연히 군사적 수단으로 자신을 방어할 권리가 있다'고 말할 때 대세에 반기를 들기 위해서는 큰 용기가 필요합니다. 하지만 도구 상자에 망치 말고도 또 다른 도구가 있거나 적어도 어딘가에 다른 도구가 있다는 사실을 안다면 망치는 나무를 자르는 데 적합한 도구가 아닐 수도 있다는 걸 상상하기가 더 쉬워집니다. 톱이 더 효율적인 도구라는 걸 알 수 있다는 거죠. 마찬가지로, 중무장한 이웃 국가의 침략이 걱정된다면 똑같은 수단으로 맞서는 대신 파업이나 보이콧 같은 도구를 사용할 계획을 세우고 이를 도구 상자의 맨 위에 올려놓는 것이 방어에 대비하는 가장 좋은 방법일 수 있습니다.

> 파업이나 보이콧 같은 건 저는 '도구'라고 생각하지 않습니다. 전쟁이 이렇게 만연한 데는 그럴 만한 이유가 있죠. 우수한 군사력은 분쟁을 끝내는 최고의 도구입니다.

현대사회에서 민족주의와 군사주의는 서로 밀접하게 연관되어 있습니다. 군사주의가 워낙 지배적이다보니 그런 생각을 하시는 것도 당연합니다. 우리 사회에는 거대한 무기산업이 있고, 이 산업의 주주들은 전쟁과 전쟁 준비로 엄청난 돈을 벌어들입니다. 군사주의는 이제 역사 서술부터 미디어까지 모든 영역을 장악했다고 볼 수 있죠. 제가 도무지 이해할 수 없는 건, 어째서 이렇게 많은 사람이 전쟁으로 평화를 이룰 수 있다는 말을 믿는가 하는 점입니다. 현재 이스라엘과 팔레스타인의 상황을 보면 이게 얼마나 잘못된 생각인지 알 수 있습니다. 2023년 10월 7일 하마스가 이스라엘 민간인을 공격했을 때 이스라엘 사람들이 얼마나 큰 충격과 공포를 겪었는지 우리 모두 잘 알고 있습니다. 저는 하마스의 행위를 강력히 규탄합니다. 지금까지 말씀드렸듯이 누가 어떤 이유로 저지르든 모든 폭력행위에 반대하기 때문입니다. 비극적인 상실을 겪은 희생자들과 그 가족들에게 연민을 표합니다.

하마스의 공격은 가자지구에 대한 보복 전쟁을 불러일으켰고 이로 인해 가자지구에서 수천 명의 팔레스타인 남성과 여성, 어린이들이 목숨을 잃었습니다. 이는 하마스의 공격에 비해 전혀 균형이 맞지 않는 너무나도 가혹하고 처참한 결과였습니다. 이 끔찍한 비극의 희생자들과 그들의 가족을 생각하면 너무나 마음이 아픕니다. 앞서 우크라이나에서 사망한 민간인 수가 현대 전쟁과 비교하면 이례적으로 적다고 말씀드렸는데요. 가자지구의 상황은 정반대로 그 수가 너무나 많습니다. 이스라엘 정치인들은 이번 전쟁의 목적이 하마스를 '완전히 제거'하는 것이라고 말합니다. 왜 이렇게 많은 사람이 이런 보복 전쟁이 정당하며 꼭 필요하다고 믿는지 저로서는 이해하기 어렵습니다. 더 놀라운 건 많은 이가 이런 전쟁이 실제로 미래에 평화를 가져올 거라고 믿는다는 점입니다. 폭격을 당한 팔레스타인 사람들이 가만히 앉아서 자신들의 운명을 받아들일 리가 없잖아요. 오히려 이스라엘이 폭탄을 투하할 때마다 더 큰 증오와 복수심만 키우게 될 겁니다. 설령 이스라엘군이 하마스를 제거하는 데 성공한다 해도 새로운 팔레스타인 저항단체가 나타날 수밖에 없을 거예요.

이스라엘은 1967년부터 가자지구와 서안지구를 점령해왔고 이는 유엔의 강력한 비난을 받고 있습니다. 하마스의 공격은 이런 지속적이고 불법적인 점령의 결과입니다. 흥미로운 점은 이런 점령행위가 이스라엘의 고립이나 국제적인 제재로 이어지지 않았다는 겁니다. 러시아의 경우처럼 이웃 나라를 점령한 다른 대부분의 국가들과는 매우 다른 대우를 받은 거죠. 이스라엘이 이런 특별 대우를 받은 이유는 물론 2차 세계대전 당시 유대인들이 겪은 홀로코스트와 관련이 있습니다. 홀로코스트는 1948년 이스라엘 건국의 직접적인 계기였죠. 이런 건국 배경 때문에 이스라엘은 극도로 군사화된 국가가 되었습니다. 대부분의 이스라엘 사람들은 강한 군대만이 자신들을 지킬 수 있다고 믿지만 저로서는 그 논리를 이해하기 어려워요. 한 나라가 수십 년 동안 다른 나라를 점령하면 점령당한 사람들이 점령자를 증오하게 되는 건 당연하잖아요. 우크라이나에서처럼 팔레스타인 사람들도 점령에 맞서 싸우기 위해 가능한 모든 수단을 동원할 거예요. 팔레스타인 사람들은 지금까지 비폭력 투쟁도 해보고 무장 투쟁도 시도해봤지만 어느 쪽도 큰 성공을 거두지 못했어요. 하지만 지금까지의 실패가 팔레스타인 사람들의 저항 의지를 꺾지는 못할 겁니다. 이스라엘이 정말 운이 좋다면 팔레스타인 사람들이 비폭력 저항이야말로 자신들의 가장 강력한 무기가 될 수 있다는 사실을 깨닫게 될 수도 있습니다. 하지만 현실적으로 그럴 가능성은 낮아 보입니다.

그러니까 이것도 선생님의 비폭력이 실패한 또 하나의 사례네요……

이스라엘과 팔레스타인 문제, 그리고 비폭력 투쟁의 가능성에 대해서는 나중에 더 자세히 논의할 기회가 있으면 좋겠습니다. 하지만 지금은 그런 자리가 아닌 것 같네요. 제가 지금 강조하고 싶은 건 점령당한 사람들이 지금도 저항하고 있고 앞으로도 계속 저항할 것이라는 점이에요. 대량 학살로 모두를 죽이지 않는 한 투쟁 정신을 없앨 수 없습니다. 따라서 이스라엘이 진정으로 평화를 원한다면 이웃과 서로 존중하며 함께 살 수 있는 방법을 찾아야 합니다. 그렇지 않으면 폭력의 악순환은 계속될 수밖에 없죠. 평화학에서는 화해와 평화로운 공존에 대해 많은 연구가 이뤄졌어요.[43] 이런 연구들에서 많은 걸 배울 수 있습니다. 이스라엘 내부에서도 이에 대해 이야기하는 용감한 목소리가 있지만 그들은 조롱받는 소수에 불과합니다. 군사주의가 지배하는 곳에서도 군사주의와 전쟁을 비판하는 평화주의적 목소리는 항상 있어왔습니다. 하지만 그런 목소리는 극히 드물고 내는 것 자체도 어려웠죠. 평화주의적 견해를 밝히는 것은 이스라엘뿐 아니라 다른 모든 군사화된 사회에서 '순진하다' 혹은 때로 '배신자'라는 낙인까지 찍히는 확실한 방법이니까요.

그런데도 선생님을 비롯한 다른 사람들은 왜 그런

목소리를 내는 건가요?

저는 제 생각만 말씀드릴 수 있을 뿐이지 모든 평화주의자를 대변할 수는 없습니다. 제가 생각하기에 인류는 갈등을 폭력 없이 해결하고 서로 최대한 평화롭게 살아가려 노력하는 세상에서 살 자격이 있습니다. 제가 살아 있는 동안 평화주의가 주류가 되는 걸 보긴 어려울 거예요. 그래도 누군가는, 특히 군사주의가 점점 강해지는 요즘 같은 때라면 더욱 이런 생각들을 계속 이어가야 하죠. 군사주의가 세력을 키워갈 때 전쟁 말고도 다른 길이 있다는 사실을 잊지 않게 하려면 이런 이야기들을 계속 공개적으로 하고 글도 써야 해요. 비록 소수이고 계속 벽에 부딪히는 느낌이 들지만 다양한 선택지와 가능성을 제시하는 것이 저의 책임이라고 생각합니다. 설령 그것이 단순한 가정이고 '만약'에 기반한 것이라 해도 말이죠. 평화주의에 대한 가장 흔한 오해는 평화주의를 수동성과 연관짓는 것입니다. 하지만 제가 말씀드린 것처럼 비폭력은 오히려 갈등에 적극적으로 개입하는 방식이에요. 사람들이 세상이 실제로 달라질 수 있다고 상상하기 시작하는 것, 그것이 바로 변화가 일어나기 위한 필수적인 첫 단추죠. 순진하다며 냉소주의자들의 조롱을 받는 일은 전쟁으로 다른 모든 사람들이 겪는 엄청난 고통에 비하면 아주 작은 대가라고 생각합니다.

평화를 사랑하는 입장에서 무력으로 싸우는 군인들이 많이 불편하시겠어요?

저는 자신이 믿는 가치를 위해 싸우는 사람들을 존경해요. 특히 그게 인권이나 민주주의, 소수자 권리를 위한 거라면 더욱 그렇죠. 제가 만약 우크라이나에 살면서 군사적 수단만이 그런 가치를 지키는 유일한 방법이라고 생각했다면 저도 무기를 들고 싸웠을 거예요. 하지만 이제는 그것이 유일한 방법이 아니라는 사실을 알기 때문에 무장 투쟁에 참여하는 건 상상도 못하겠습니다. 군인들도 사실은 전쟁과 군사주의의 피해자라는 걸 늘 마음에 담고 있죠. 많은 군인이 전쟁터에서 보고 겪은 끔찍한 일들 때문에 트라우마를 안고 돌아와요. 외상후스트레스장애를 겪거나 극단적인 선택을 하는 분들도 많습니다. 평화를 추구하는 사람으로서 저는 이 세상의 증오를 줄이는 데 힘을 보태고 싶습니다.

언제부터 평화주의자였습니까?

열세 살, 열네 살 무렵에야 제 생각을 표현할 수 있는 단어를 발견했어요. 그때는 주변에 평화주의자나 반군사주의자가 한 명도 없었고 사실 이런 생각이 어디서 시작되었는지도 잘 모르겠어요. 그냥 책을 많이 읽다보니까 전쟁은 잘못되었고 무의미하다는 걸 깊이 느꼈죠. 다른 방법이 있을 거라는 생각도 들었고요. 1989년, 제가 열두 살 때 아버지께서 보시던 신문에서 중국 천안문 광장의 학생 시위에 대해 알게 됐습니다. 학생들과 노동자들이 권위주의 정권에 맞서 직접 민주주의를 요구하고 있었어요. 그해 말에는 베를린장벽이 무너지면서 냉전이 종식되었고 희망과 낙관적인 분위기가 퍼졌죠. 천안문 광장에서는 중국 정부가 학생들과 노동자들을 잔인하게 진압했지만 이 사건을 통해 저는 일반 시민들이 가진 힘을 느꼈어요. 사람들이 힘을 모으면 아무리 잔혹한 독재정권에도 진지하게 대항할 수 있다는 것을요. 우연히 동네 도서관에서 평화주의 잡지를 발견하고 평화주의와 비폭력에 대해 더 많이 읽기 시작했는데 모든 게 완벽하게 이해됐어요. 그러다 지역 평화단체에서 활동하게 되었고 같은 생각을 가진 사람들을 만났죠. 나중에 비폭력행동 이론을 공부하면서 제 직감을 표현할 수 있는 언어를 찾았고 더 많이 배울수록 평화주의자로서의 확신이 커졌습니다.

자신의 견해를 뒷받침하는 연구만 찾아본 것처럼 들리기도 하는데요. 다른 관점의 연구들은 무시한 것 아닙니까?

그렇다면 저는 아주 형편없는 사회과학자가 되었을 것이고 학계에서도 오래 버티지 못했겠죠. 개인적인 견해를 갖고 그걸 드러낸다는 건 그 주장을 더 설득력 있고 논리적으로 제기해야 하는 책임이 따르는 거예요. 전쟁이나 무력 투쟁을 옹호하는 연구자들도 각자의 견해가 있지만 '다들 아는 사실'을 말하는 한 편향적이라는 비난을 받는 경우는 거의 없습니다. 이것도 우리 사회에 만연한 군사주의의 결과죠.

우크라이나 침공이 일어났을 때, 전쟁은 잘못된 것이라는 믿음을 의심하진 않으셨나요?

당연히 제 주장에 변화가 필요한지 깊이 생각해봤어

요. 그래서 지금 이렇게 대화를 나누고 있는 거고요. 하지만 무슨 일이 일어나고 있는지 생각하면 생각할수록 전쟁은 결코 해결책이 될 수 없다는 확신이 커졌습니다.

하지만 전쟁에 비판적이었던 사람들도 생각을 바꿔 전쟁과 무기 수출을 지지하고 있지 않습니까?

네, 알고 있습니다. 러시아의 침공과 같은 노골적인 침략행위는 평화주의자들의 마음도 바꿔놓을 수 있죠. 1930년대 스페인 내전 때도 많은 평화주의자들이 자신의 신념을 의심했어요. 다른 선택의 여지가 없다고 생각해서 스페인의 파시스트에 대항하는 무장 투쟁을 지지하기 시작했죠. 마찬가지로 1930년대 후반부터 1940년대 초반, 나치가 여러 유럽 국가를 침공했을 때도 평화주의를 주장하기가 어려워졌습니다.

그러니까 선생님은 그저 고집을 부린 거고, 그들은 더 열린 마음을 가졌단 얘기인가요?

초기의 평화주의는 '나는 누군가의 생명을 앗아가고

싶지 않다'는 개인의 도덕적 신념에서 출발했다고 봅니다. 사람들은 자신이 소중히 여기는 무언가가 공격받는 걸 보면서 뭔가 하고 싶어 했지만 다른 방식으로 싸우는 법을 몰랐던 거죠. 전쟁이 도덕적으로 잘못되었다는 점에는 전적으로 동의합니다. 하지만 제가 주장하는 평화주의는 단순한 개인적 신념을 넘어섭니다. 제가 주목하는 건 살인행위 그 자체가 아닌 우리 사회가 폭력과 분쟁을 바라보는 시각이에요. 지금까지 우리는 도덕성보다 비폭력의 실효성과 전쟁이 초래하는 파괴적 결과에 초점을 맞추어 이야기해왔습니다. 스스로를 꼭 평화주의자나 반군사주의자라고 규정하지 않더라도 비폭력 투쟁을 지지하고 군사적 해결책의 한계를 인식할 수 있죠. 현대사회는 과거에는 없었던 비무장 투쟁에 관한 지식을 갖게 되었는데요. 일부 학자는 이를 '실용적 평화주의pragmatic pacifism'라고 부릅니다. '실용적 평화주의'란 도덕적 논쟁이 아닌 비폭력에 대한 현대적 지식을 바탕으로 하는 현실주의적 접근을 의미해요. 이러한 관점에서 볼 때 비현실적이고 순진한 사람들은 평화주의자들이 아니라 오히려 전쟁이 평화를 이룰 수 있다고 믿는 군사주의자들입니다. 그들이야말

로 폭력의 효용에 대해 지나치게 낙관적인 환상을 가지고 있어요.[44]

선생님은 평화주의의 미래를 낙관한다는 뜻인가요?

앞서 말씀드렸듯이 평화주의에 대한 도덕적 주장은 예전만큼 중요하지 않습니다. 평화주의자라는 정체성의 의미도 점차 흐려지고 있는지 모르겠어요. 그럼에도 제가 여전히 스스로를 평화주의자라 칭하는 것은 도덕적 가치가 저에게 매우 중요하며 비폭력 원칙이 비폭력 투쟁의 핵심이기 때문입니다. 제가 보기에 폭력에 대한 거부가 단순히 효율성 계산이 아니라 도덕적 신념에서 비롯된 것이라면 운동 과정에서 비폭력 원칙을 지키기가 더 수월할 것 같아요. 우리가 맞서 싸우는 상대방도 우리의 비폭력 신념이 일시적인 전술이 아니라 내면의 깊은 곳에서 우러나온 것임을 알면 우리의 진정성을 신뢰할 가능성이 더 높죠. 때로는 비폭력에 대한 원칙적 접근과 전략적 접근이 마치 둘 중 하나만 선택해야 하는 대립관계처럼 보이기도 합니다. 하지만 간디나 마틴 루서 킹처럼 비폭력을 원칙으로 삼았던

지도자들은 훌륭한 전략가이기도 했습니다. 이들의 통찰은 원칙과 전략의 이분법이 얼마나 인위적인 구분인지를 보여줍니다.

> 좋아요. 비폭력행동이 상대방에게 어떻게 인식되는지에 대해서는 나중에 다시 이야기하기로 하고, 평화주의의 미래에 대한 제 질문에 아직 답변을 안 하셨어요. 낙관적인가요?

미래를 어떻게 볼 것이냐는 우리가 얼마나 멀리 내다보느냐에 따라 달라질 것 같아요. 앞으로의 10년을 '미래'라고 본다면 솔직히 저는 그리 낙관적이지 않습니다. 우크라이나나 가자지구, 서안지구에서 벌어지는 전쟁과 점령이 쉽게 끝날 것 같지 않고 이런 전쟁들이 당분간 세계정세에 상당한 영향을 미칠 것 같거든요. 하지만 좀 더 멀리 본다면 평화주의와 비폭력 투쟁의 미래에 대해 낙관적으로 생각합니다. 물론 미래를 예측할 때는 항상 조심해야겠지만 앞으로 10년 안에 점점 더 많은 사람이 이러한 전쟁으로는 평화로운 공존을 이룰 수 없다는 사실을 깨달을 거예요. 그러다보면 자연스럽게 다른 해결책을 찾기 시작할 텐데요. 그

때 비폭력 투쟁과 평화주의가 새로운 영감을 줄 수 있지 않을까요?

> 알겠습니다. 평화주의를 둘러싼 가장 흔한 질문으로 화제를 돌려보죠. 만약 자신이나 사랑하는 사람이 길거리에서 폭행을 당한다면 어떻게 하시겠습니까? 저항하지 않고 당하기만 할 건가요? 사랑하는 사람이 위험에 처하는 것을 그저 지켜만 보시겠습니까?

우리 중 누구도 그런 상황에 실제로 부딪히기 전까지는 자신이 어떻게 반응할지 알 수 없습니다. 많은 강간 피해자들이 저항하지 못했다고 해서 공포로 얼어붙은 그들을 비난할 수 없는 것처럼요. 제 친구는 칼을 든 공격자를 설득해 진정시킨 적이 있지만 저에게 그만한 용기가 있을지는 확신할 수 없습니다. 만약 제가 공격을 받는다면 우선 도망치려 할 거 같아요. 그게 안 된다면 스스로를 방어하려 노력하겠죠. 기회가 된다면 물리적인 힘을 써서라도 공격자를 제지하고 제압할 수도 있을 겁니다. 저를 돕기 위해 나선 사람이 있다면 누구든 감사할 거고요. 이런 대답을 하면 개인적 정당방위까지 포함해서 모든 폭력은 잘못된 것이라고 생각하는 절대적 평화주의자들과는 입장이 달라집니다. 그들은 제가 진정한 평화주의자가 아니라고 말할 수도 있어요. 하지만 저는 맨손으로 누군가를 때리거나 눈을 할퀴는 것과 같은 방어행위와 목숨을 앗아가는 행위 사이에 분명한 차이가 있다고 생각합니다.

정당방위로서 폭력을 사용하는 건 괜찮다는 말씀이신가요?

개인 간의 폭력을 얘기할 때는 공격하는 사람을 막기 위해 어느 정도 물리적인 힘이 필요할 수도 있어요. 하지만 저는 이렇게 생각해요. 진짜 안전은 평생 살면서 폭력을 당할 일도 총기 사고도 없는 평화로운 동네에서 사는 거라고요. 만약 제 안전이 물리적인 자기방어 능력에 달려 있다고 생각한다면 무술을 배우거나 총기 소지 권리를 주장했을 거예요. 그러나 무장 자기방어는 결국 사회에 더 많은 총기가 유통되고 사고로 목숨을 잃을 위험이 엄청나게 늘어난다는 걸 의미하기 때문에 비생산적이라고 생각합니다. 이는 앞서 말씀드린 군사주의의 위험성, 그리고 군사주의가 전염병처럼 퍼진다는 것과 비슷한 맥락이에요. 해결책이 총밖에 없다는 말만 듣다보면 사람들은 안전이 만들어지는 다른 방법들을 잊어버리게 됩니다. 이웃과 소통하고 서로 존중하는 것이 얼마나 중요한지도 잊게 되죠. 의견 차이가 있더라도 상대방의 입장에서 생각해보고 왜 그렇게 행동하는지 이해하려고 노력하는 것이 중요합니다.

> 하지만 공격자를 제지하기 위해 물리력을 사용하는 게 바로 우크라이나에서 일어나고 있는 일 아닌가요? 작은 나라가 큰 깡패의 공격을 받고 있잖아요!

전쟁은 완전히 다른 차원의 문제입니다. 결과를 예측하기도 훨씬 더 어렵고요. 제가 누군가의 공격을 받았을 때 근처에 있는 돌로 스스로를 방어한다면 공격자에게만 대응하고 다른 사람은 다치지 않게 할 수 있죠. 하지만 전쟁에서는 폭탄과 미사일이 어디에 떨어질지, 제 행동의 결과로 누가 고통을 받게 될지 결코 예측할 수 없습니다. 전쟁으로 발생하는 부작용은 너무나 치명적이어서 평상시와는 비교할 수 없어요. 그리고 이 질문은 우리가 아직 논의하지 않은 주제로 이어집니다. 러시아를 작은 우크라이나를 공격한 큰 깡패에 비유하셨지만 이러한 생각은 더 큰 그림을 놓치게 만들 수 있습니다.

더 큰 그림,
나토

회의론자: 러시아를 큰 깡패에 비유할 때 더 큰 그림을 보지 못할 수 있다고 하셨어요. '더 큰 그림'은 나토를 이야기해야 한다는 뜻인가요?

마이켄: 네, 맞습니다. 어떤 전쟁이든 복잡한 역사적 맥락이 있어요. 이번 경우에는 최소한 소련의 붕괴까지 돌아봐야 합니다. 2차 세계대전 이후 국제관계를 지배해온 동서 냉전이 1989년에 끝났어요. 아무도 예상하지 못한 일이었죠. 폴란드, 체코슬로바키아, 헝가리, 동독 같은 동유럽 국가들에서 비무장한 대중이 정권 교체를 이끌어내는 데 성공했습니다. 이런 변화가 가능했던 중요한 요소 중 하나는 소련의 지도자 미하일 고르바초프가 시작한 개방정책이었습니다. 서방국가가 아닌 소련 지도자가 먼저 긴장을 완화시켰다는 게 중요한 점입니다. 베를린장벽이 무너지고 소련이 해체된 이 시기는 전례 없는 탈냉전의 기회였죠.

냉전 시기에 동유럽 국가들은 나토에 상응하는 바르샤바조약기구라는 군사동맹을 만들었는데 이 조직도 1991년에 해체되었습니다. 사실 이때 나토도 해체됐어야 합니다. 하지만 서구 열강들은 나토의 존재를 정당화할 새로운 방법을 찾았어요. 1999년 세르비아와의 전쟁을 시작으로 이라크, 아프가니스탄, 리비아 같은 유럽 바깥 지역에서 '임무'를 수행하며 처음으로 '역외' 전쟁에 참여한 것입니다. 이 모든 개입은 비참한 결과를 초래했습니다. 러시아가 가장 약해졌을 때도 나토 국가들은 긴장을 풀지 않았어요. 미국은 나토 동맹국들의 든든한 지원을 받으며 유일한 초강대국이 됐죠. 나토는 거기에 그치지 않고 옛 바르샤바조약기구 회원국들을 신규 회원국으로 받아들였습니다. 이 나라들은 러시아가 자신의 '영향권'으로 여긴 곳들이었어요. 이러한 확장은 러시아에 대한 불필요한 도발이었고, 오늘날 우크라이나 전쟁의 중요한 요인으로까지 작용하게 되었습니다. 물론 그렇다고 해서 러시아의 침략이 정당하다는 이야기는 아니고요. 다만 전체 상황을 이해하는 데 꼭 필요한 부분이에요.

하지만 러시아가 우크라이나를 공격한 걸 보면 러시아로부터 서방국가들을 지키기 위해 그 어느 때보다 나토가 필요하다는 사실이 증명된 거 아닌가요?

러시아가 동유럽에서 공격적으로 행동한 건 오래된 일이에요. 저도 이 점을 인정하고 러시아와 국경을 접하고 있는 나라들이 우려 속에서 자국을 방어할 최선의 방법을 고민하는 것을 이해합니다. 저는 그들이 선택할 수 있는 최선의 방법이 비무장 투쟁에 대비하는 민간 기반의 방어라고 생각하고요. 다른 유럽 국가들과 연합을 맺어 할 수 있는 일이기도 합니다. 하지만 현재 상황에 나토가 어떤 역할을 했는지 따져보지 않고 지금 일어난 일만 놓고 얘기하는 건 올바르지 않다고 생각해요.

> 선생님 논리를 따라가기가 좀 힘드네요. 공격받은 건 러시아가 아니라 우크라이나잖아요!

네, 맞아요. 이 잔인한 침략행위가 국제법을 위반한 러시아에 의해 시작되었다는 데 우리 의견은 일치합니다. 하지만 그렇다고 해서 러시아 정부가 수십 년에 걸친 나토의 확장에 위협과 도발을 느꼈다는 사실을 무시할 순 없어요. 특히 우크라이나가 나토 가입을 원하면서 나토가 러시아 문턱까지 다가온 상황이었죠. 상황을 제대로 이해하고 폭력을 완화할 방법을 찾고자 한다면 다른 사람들이 상황을 어떻게 인식하고 있는지 인정할 필요가 있습니다. 설령 상대의 반응이 비논리적이거나 과도하게 보이더라도 말이죠.

> 모든 나라에게 원하는 동맹이나 연합에 가입할 권리가 있다는 건 당연하지 않나요?

합리적인 원칙처럼 보일 수 있지만 그게 늘 현명한 선택을 의미하지는 않습니다. 1990년대 초 러시아는 세계 강국의 위치에서 무릎을 꿇었고 자존심에 큰 상처를 입은 상태였어요. 러시아는 서구로부터 위협받아온 오랜 역사를 지니고 있지만 동시에 많은 이웃 국가들을 향해 공격적인 태도를 보여왔습니다. 이러한 역사적 맥락은 1708년 스웨덴의 공격, 1812년 나폴레옹의 침략 시도, 2차 세계대전 중 독일의 침략까지 거슬러올라가요.[45] 이러한 배경을 고려하면 러시아 지도자들이 우크라이나의 나토 가입에 위협을 느끼는 이유를 어느 정도 이해할 수 있습니다. 현재 전쟁 양상을 보더라도 나토의 개입이 상당해요. 지상에서 싸우는 사람들은 우크라이나군이지만 그들은 나토 회원국들이 제공하는 무기에 전적으로 의존하고 있는 상황입니다.

알겠습니다, 그 점은 인정할게요. 그런데 나토의 개입이나 무기 지원, 우크라이나의 무장 저항을 반대한다면 이 사태를 어떻게 끝낼 수 있을까요? 선생님이 말씀하신 것처럼 우크라이나 사람들이 비무장 저항에만 의존하겠다고 해도 수십 년간의 점령과 가혹한 탄압에 직면하게 되지 않겠어요?

네, 그럴 수도 있어요. 어떤 것도 확실히 장담할 순 없습니다. 저는 단지 연구 결과가 보여주는 걸 말씀드리고 그걸 바탕으로 평화주의적 입장을 설명하고자 할 뿐이에요. 하지만 우리는 이런 질문을 해볼 수 있습니다. 과연 이 전쟁은 어떻게 끝날 수 있을까요? 우리는 이 전쟁이 수십 년이나 이어질 수도 있는 상황에 처해 있지 않나요? 설령 우크라이나가 나토의 지원으로 러시아군을 몰아낸다고 해도 당분간 긴장은 계속될 것입니다. 저강도 전쟁은 러시아의 전면 침공 이전과 마찬가지로 국경 지역에서 계속될 가능성이 높습니다. 우크라이나 사람들은 언제쯤 안전하다고 느낄 수 있을까요? 저는 누가 푸틴을 권좌에서 끌어내리고 우크라이나 사태에 대한 러시아 국민의 태도를 바꿀 수 있을지

고민해봐야 한다고 생각합니다. 지금은 러시아의 권위주의 세력이 더 강해지고 있어요. 전쟁이 길어질수록 앞으로 수십 년 동안 러시아와 우크라이나 사이에 더 많은 적대감이 쌓일 것입니다.

푸틴을
끌어내리는
방법

회의론자: 푸틴을 끌어내릴 가능성이 가장 높은 사람이 누구인지에 대한 흥미로운 질문을 던지셨어요. 누가 그 일을 할 수 있다고 보십니까?

마이켄: 제 생각에 푸틴과 그의 정권을 무너뜨릴 수 있는 가장 유력한 후보는 러시아 국민입니다. 푸틴은 자국민을 두려워하고 있어요. 그는 2000년대 초에 세르비아, 그루지야, 우크라이나에서 일어난 이른바 색깔혁명[46]을 직접 목격했습니다.[47] 베를린장벽이 무너졌을 때와 마찬가지로 민중운동이 권위주의 정권을 무너뜨리고 민주적 선거를 확보한 것이죠. 세르비아의 경우가 특히 인상적이에요. 1999년에 나토가 폭격으로 슬로보단 밀로세비치를 물러나게 하는 데 실패했지만 1년 뒤에 세르비아 국민들이 비무장 혁명으로 그를 몰아냈습니다. 푸틴 정권은 러시아와 벨라루스에서 비슷한 일이 일어나지 않도록 열심히 막아왔어요.

러시아가 우크라이나를 침공했을 때 러시아의 정치적 반대세력과 시민사회는 거의 다 무너졌어요. 많은 사람이 강제로 망명을 떠나야 했죠. 사실 러시아에는 강력한 시민사회가 존재한 적이 없고 푸틴과 그의 지지자들은 자신들의 권력에 대한 위협을 매우 능숙하게 무력화시켜왔습니다. 특히 비정부기구, 언론, 개인을 '외국 기관foreign agents'으로 등록하게 하는 법[48]을 만들어서 인권을 지키려는 단체들의 비판과 반대를 막는 강력한 도구로 사용했죠. 이 법은 2012년에 처음 만들어졌고 그 뒤로 점점 더 많은 사람과 단체가 이 법의 영향을 받게 되었습니다. 어떤 관찰자는 러시아의 시민사회를 '시민의 사막'이라고 표현했을 정도예요.[49] 인권과 민주주의를 위한 조직적인 활동이 거의 완전히 사라졌다는 뜻입니다.

그다지 희망적이지 않군요. 조직된 시민사회 없이 러시아 국민들이 어떻게 푸틴을 몰아낼 수 있을까요? 군사 쿠데타로 푸틴이 물러날 가능성이 더 크지 않나요?

그럴 가능성도 있죠. 하지만 러시아의 민중운동은 이러한 위험을 인식하고 군사 쿠데타에 어떻게 대응할 것인지도 고려해야 합니다. 어떻게든 푸틴을 제거하면 다 잘될 것 같지만 군사 쿠데타는 쉽게 군사독재로 변질될 수 있습니다. 군대가 독재자를 제거하더라도 군대는 여전히 군대잖아요. 늘 군사주의와 폭력의 논리로 지배됩니다. 게다가 러시아의 다른 권위주의 세력이 배후에서 권력 장악을 위해 기다리고 있을 수도 있고요.

그럼 러시아 시민 저항의 힘에 대한 선생님의 생각을 들어보죠. 저는 여전히 회의적이지만요.

저도 크게 희망적이지는 않습니다. 진정한 민주적 운동을 구축하는 데는 오랜 시간이 걸릴 거라고 생각해요. 차이에 대한 관용과 소수자를 포함한 모든 사람의 인권을 존중하는 정신을 키우려면 내부적으로 많은 노력이 필요합니다. 하지만 제가 볼 때 러시아 시민 저항의 힘이야말로 유일하게 실현 가능한 방법입니다. 그리고 그 과정은 우크라이나에서의 투쟁이 비폭력적으로 전개될 때 더 수월해질 것입니다. 비폭력에 관해서는 이미 말씀드렸듯이 장기적인 전략이 필요합니다. 어떤 종류의 권력 게임이 진행되고 있는지, 누가 누구에게 귀를 기울이고 있는지 파악하는 게 중요하죠.

지금 푸틴은 많은 일반 러시아 국민에게 인기가

높습니다. 그들은 푸틴을 중요한 보수적 가치를 지키는 강한 지도자로 여기며 그가 러시아를 과거의 영광으로 되돌릴 것이라고 믿죠. 이들은 러시아의 우크라이나 공격이 나치를 제거하기 위한 '제한적 군사작전'이고, 러시아가 위협받고 있다는 푸틴의 선전을 믿고 있어요. 제 생각에 보통의 러시아 시민들이 푸틴에게 등을 돌릴 가능성이 가장 높은 때는 경제적 이익이 위협받을 때예요. 일반 소비재 가격이 너무 올라서 평균 연금이나 급여로 현재의 생활수준을 유지할 수 없게 되면 말이죠. 러시아 사람들도 우리와 똑같이 집세를 내고, 식탁에 음식을 올리고, 저녁에 텔레비전 앞에 모여 앉아 쉬거나 주말에 즐거운 시간을 보내는 데 관심이 있거든요. 우크라이나에서 실제로 무슨 일이 일어나고 있는지 진실을 말해줄 사람은 누구일까요? 평범한 러시아인들은 유럽연합을 지지하는 야당 지도자나 푸시라이엇Pussy Riot[50] 같은 서구에서 좋아하는 도발적인 반대 그룹을 신뢰하지 않습니다. 대신 지역 성직자나 학교 선생님, 또는 어릴 때부터 알고 지낸 이웃의 아들이 전쟁에서 돌아와 들려주는 이야기를 믿을 가능성이 커요. 그래서 우크라이나에서 벌어지는 투쟁의 방식이

러시아 내부에서 일어날 일에 결정적인 영향을 미친다는 겁니다.

제가 제시하는 시나리오는 이렇습니다. 우크라이나에서는 점령에 맞서는 비무장 투쟁을 벌이고 총을 쏘는 건 러시아군뿐인 거죠. 만약 우크라이나 국민들이 비폭력 원칙을 잘 지킨다면 점령에 가담한 러시아 병사들이 개인적으로 위협을 느끼긴 어려울 겁니다. 이들 군인들은 파업이나 러시아식 교육을 거부하는 학부모들처럼 비협조적이지만 평화로운 형태의 저항을 접하게 되겠죠. 그리고 러시아 국민들 중 일부라도 우크라이나의 평화적인 시위대가 살해되었다는 소식을 믿을 만한 사람들로부터 접하게 된다면 마음이 동요될 가능성이 높습니다.

하지만 러시아 정권이 그런 사건들을 검열로 덮으려고 하지 않을까요?

물론입니다. 하지만 수많은 시도에도 불구하고 어떤 정권도 완전하고 전면적인 검열을 유지한 적은 없습니다. 이야기는 소셜미디어를 통해 퍼질 것이고 점령에 참여한 군인들도 결국 집으로 돌아와 가족들에게 자신이 목격한 것을 이야기할 테니까요. 그러면 그들이 어떤 이야기를 할지 생각해보는 것이 중요합니다. 나토 국가들이 제공한 무기로 총을 쏘는 우크라이나 군인들을 만났는지, 아니면 평화적인 시위와 비협조 저항을 조직하는 혼란한 사회를 만났는지 말이에요.

그럼 가짜 뉴스는 어떡하죠?

전쟁에서 선전전은 언제나 있었습니다. 처음에 얘기했던 노르웨이 교사 파업 사례를 기억하시나요? 교사들이 새로운 나치 교사조직의 일원이 되는 것이 양심에 반한다는 개별 선언문을 제출했을 때 교회교육부는 교사들이 자진해서 사직하고 싶어 했다는 허위 정보를 퍼뜨렸어요. 전혀 사실이 아니었죠. 나치가 엄격한 검열로 소통을 통제하는 것처럼 보였지만 비밀리에 만들어 배포된 지하신문은 교사들의 행동에 대한 정확한 설명을 제공했습니다. 요즘은 소통과 선전이 새로운 국면을 맞이했어요. 진짜인지 가짜인지 구별할 수 없을 정도로 잘 만들어진 딥페이크가 등장했으니 말입니다. 물론 러시아군이 가짜 뉴스를 생산할 가능성도 높죠. 이들이 우크라이나의 비무장 투쟁을 약화시키기 위해 어떤 가짜 뉴스를 만들어낼 것 같다고 생각하세요?

아마도 러시아 군대에 대한 무장 공격이요?

맞아요. 그래서 비폭력 원칙이 왜 중요한지 다시 한번 강조하게 되는 겁니다. 어떤 폭력적인 공격이든, 심지어 그게 가짜 뉴스일지라도 우크라이나의 비폭력 저항을 폭력적으로 진압하는 구실이 될 수 있습니다.

그럼 비폭력 전략은 실패할 수밖에 없다는 뜻 아닌가요?

앞서 말씀드렸듯이 선전전은 늘 전쟁과 점령의 일부였습니다. 뉴스의 신뢰도는 누가 올바른 정보를 제공하는가, 즉 누구를 신뢰하는가에 달려 있습니다. 이건 새로운 사실이 아니에요. 딥페이크 기술이 발전하면서 앞으로는 사진이나 영상 자료 자체를 믿기 어려워질 수 있어요. 오히려 목격자의 증언이 더 중요해질 수 있다는 얘기죠. 그렇다면 러시아인들이 누구를 신뢰할 수 있을지 생각해볼 필요가 있습니다.

비폭력 원칙과 관련해서는 운동이 완전히 비폭력

적이어야 한다는 점을 지도자들이 매우 분명하게 밝혀야 합니다. 비폭력 전략을 폭력으로 바꾸자고 제안하는 사람은 러시아 당국이 심어놓은 도발자로 간주해야 합니다. 더 나아가서 운동 구성원이 폭력을 지지하는 모습을 담은 영상이나 음성 녹음이 나온다면 그건 반드시 조작된 것으로 봐야 하죠.

> 하지만 검열이 심한 상황에서 평범한 러시아인들이 이런 정보에 어떻게 접근할 수 있을까요? 우리는 이미 러시아의 독립적인 시민사회가 얼마나 비참한 상태인지, 독립언론의 부재에 대해 얘기했잖아요. 어떤 반대 의견이든 '외국 기관'으로 낙인찍히고 가혹한 탄압을 받는데 누가 감히 그런 정보를 퍼뜨릴 수 있을까요?

정치적 시민사회가 사라졌거나 침묵을 강요당했더라도 러시아에는 러시아인들이 기억하는 창의적인 반대 문화의 전통이 여전히 살아 있습니다. 러시아에는 잘 교육받은 학자들과 교사들이 있고 시민들은 정치 비슷한 활동을 공개적으로 하지는 못해도 여전히 서로 만

나고 있어요. 이런 만남의 자리 중 일부가 평범한 러시아인들이 정보를 교환하는 네트워크로 바뀔 수 있습니다. 저는 우크라이나의 저항이 전적으로 비폭력 수단에 의존하게 되면 평범한 러시아 사람들의 여론이 비교적 빨리 돌아설 것이라고 생각합니다. 지금은 침묵하고 있는 독립적인 목소리 중 일부가 다시 목소리를 내거나 새로운 목소리가 등장할 것입니다. 우크라이나 국민이 비폭력적인 수단으로만 자신을 방어한다면 러시아의 침략과 점령에 반대하는 러시아 반대세력의 활동도 지금보다 훨씬 수월해질 거예요. 그런 상황에서 그들이 하게 될 많은 일들은 우크라이나 시민들이 하는 것과 비슷할 겁니다. 러시아 병사들이 우크라이나 민간인에게 저지르는 학대와 폭력을 기록하고, 다른 정보를 퍼뜨리고, 우크라이나와 비밀리에 연락을 주고받고, 전쟁에 반대하는 파업과 보이콧을 러시아 내에서 조직하는 것이죠. 또한 시민사회단체, 학부모, 노동조합, 교회, 이웃 간의 기존 네트워크를 활용해서 러시아의 주류 언론이 다루지 않는 정보를 전달할 수도 있고요.

저는 러시아 여성들이 우크라이나 전쟁에 반대하

는 조직에서 큰 역할을 할 거라고 생각합니다. 이미 전장으로 나간 남편, 아들, 형제를 집으로 데려오려는 작은 움직임이 시작됐어요.[51] 1990년대 체첸 전쟁에서 러시아군이 끔찍한 잔학행위를 저질렀을 때도 병사들의 어머니들이 전쟁 반대 시위를 조직했어요. 그들 중 일부는 아들을 찾기 위해 직접 체첸으로 갔고 실제로 아들을 집으로 데려오는 데 성공하기도 했습니다. 이 어머니들은 평화를 만들고 인권을 존중하며 군대와 관련된 러시아인들의 권리를 알리는 데 헌신한 공로로 국제적으로도 널리 알려졌습니다. 이들 역시 푸틴의 시민사회 탄압으로 지금은 1990년대만큼의 영향력을 가지고 있지 않지만 우크라이나 저항군이 비무장 방식에 의존한다면 다시 강력하게 부활할 가능성이 있습니다.[52]

저항의 가능성을 제대로 이해하려면 푸틴에게 복종하는 사람들만이 아닌 러시아 사회의 복잡성을 이해할 필요가 있어요. 러시아는 흔히 생각하듯 푸틴의 꼭두각시처럼 순종적인 사람들만 사는 곳이 아닙니다. 푸틴이 권좌에서 물러나길 바라는 우크라이나 국민과 이들을 지지하는 서구사회는 러시아의 민주세력을 어떻게 도울 수 있을지 신중하게 고민해봐야 합니다. 지금처럼 러시아와 관련된 모든 것을 무조건 보이콧하는 건 우리가 할 수 있는 가장 어리석은 선택일 거예요. 그보다는 다른 러시아, 즉 변화를 바라는 세력과 관계를 이어가고 발전시키면서 우리가 어떤 도움을 줄 수 있는지 묻는 게 더 나을 거예요. 다만 그들이 우리의 개입을 전혀 원치 않을 수도 있습니다. 어떤 형태로든 외부 지원을 받는다면 이를 빌미로 푸틴 정권이 그들을 외세의 앞잡이로 몰아갈 테니까요. 앞서 국제 비무장 경호를 이야기했을 때도 말씀드렸지만, 이번에는 다른 때처럼 서구사회가 적극적으로 나서기는 어려운 상황 같습니다.

비무장 투쟁,
그 준비와 가능성

회의론자: 대화 초반에 비무장 투쟁에 대비해야 한다고 하셨잖아요. 그때 제가 우크라이나 상황이 더 궁금해서 그 주제를 건너뛰었죠. 이제 그 이야기를 듣고 싶습니다.

마이켄: 이 주제를 기억해주셔서 기쁘네요. 사실 전쟁이 터진 후에야 평화주의자들에게 해결책을 묻는 건 좀 불공평하다고 생각해요. 우리의 세계관은 전쟁이 나기 전에 예방하고 폭력 없이 갈등을 해결하는 데 초점을 맞추거든요.

그렇다면 대부분의 평화주의적 논리와 주장은 결국 실현 불가능한 이상을 좇는 게 아닌가요?

제가 말씀드린 많은 시나리오가 가정에 기반한 건 맞아요. 제 가정이 맞는지 확실히 알려면 오랜 시간이 걸릴 거고요. 우크라이나의 경우 제가 주장한 비폭력행동들도 미리 계획했다면 아마 성공 가능성이 더 높아졌을 거예요. 훨씬 더 빠른 효과를 볼 수도 있었겠죠. 하지만 제가 언급한 많은 예시는 미리 잘 계획된 것이 아니라 전쟁과 점령이 진행되는 와중에 전개된 역사적 사례들입니다. 평화주의와 비폭력이 존재하지 않는 꿈의 시나리오만 다루는 건 아니에요. 평화주의자들은 이상과는 거리가 먼 지금 여기서 자신들의 신념에 따라 결정을 내립니다. 하지만 제 얘기 중 보다 이론적인 부분들은 평화주의의 여러 아이디어가 일관된 세트로 이루어져 있는 것과 같기 때문에 그중 한 가지 측면만 취하고 다른 측면은 배제한다면 그건 별로 의미가 없습니다. 만약 그런 식이라면 평화주의적 논리와 주장은 실현 불가능하니 선생님 얘기도 맞는 말씀입니다. 예를 들어 제가 러시아 국민이 푸틴을 몰아낼 가능성이 있다고 말한 건 우크라이나 국민이 군사적 투쟁을 포기한다는 전제하에서였거든요.

알겠습니다. 그럼 미리 계획한다는 부분으로 돌아가볼까요?

훌륭한 군인이 되거나 군사전략을 세우는 데 훈련과 준비가 필수라는 건 다들 알고 있는 사실입니다. 많은 나라에서 기본 군사훈련은 1년 정도 걸리는데요, 이 기간 동안 병사들은 총기나 전차 같은 장비들을 다루는 법을 배웁니다. 그리고 군대에서는 부대원들 사이에

전우애와 유대감이 생겨 서로를 신뢰할 수 있도록 많은 노력을 기울이고 있어요. 비무장 투쟁도 마찬가지입니다. 물론 사용법을 배울 무기는 없지만 비폭력 활동을 하는 사람들도 효율적으로 일하기 위해 서로를 알고 신뢰해야 합니다.

점령에 맞선 비무장 저항이 성공할 가능성을 높이려면 모두가 비폭력 투쟁의 논리와 비협조, 역효과, 정치적 주짓수 같은 걸 이해해야 해요. 앞서 말씀드렸듯이 이건 계획하고 준비하는 방법, 특정 상황에서 사용 가능한 자원을 전략화하고 사용하는 방법을 이해하는 문제예요. 제가 말씀드린 이론처럼 미리 배울 수 있는 것도 있고요. 또 중요한 건 정치 게임을 읽을 수 있는 능력입니다. 사전에 세부 계획을 세울 수는 없지만 여러 시나리오를 많이 연습해볼수록 창의적이고 전략적으로 사고하는 능력이 향상됩니다.

시나리오는 어떻게 연습할 수 있습니까?

억압과 점령에 맞서 싸우는 비폭력단체가 되어보는 컴퓨터 시뮬레이션이나 게임을 할 수도 있습니다. 이미 몇 가지가 있는데, 더 발전시킬 수 있는 잠재력이 큰 분야입니다.[53] 저는 이론, 전략, 전술에 대한 지식이 소수 지도자들에게만 필요한 기술이 아니라고 봐요. 그래서 분권화가 필수적이라고 생각합니다. 점령상황에서는 대부분의 비폭력행동이 소규모 독립 그룹에 의해 이뤄져야 합니다. 보안상의 이유로 다른 사람들과 많은 접촉과 토론을 하지 못할 수도 있습니다. 투쟁에 참여하는 모두가 비폭력 원칙을 잘 인지하고 있다는 서로에 대한 믿음이 있다면 투쟁의 성공 가능성이 높아질 것으로 합리적으로 추정할 수 있습니다. 여기서 중요한 요소는 비폭력 원칙을 유지하는 게 왜 필수적인지 모두가 이해하는 것입니다. 또한 침략이 발생했을 때 어떻게 대처할지에 대한 기반을 갖추는 것도 중요하고요.

기반이라니 무슨 뜻이죠?

저는 이런 상황을 상상해보고 있어요. 모든 조직이 자신이 두려워하는 세력에 침공당했을 때 자신들이 과연 어떤 역할을 할 수 있을지 고민해봤을 거라고요. 예를 들면 여권이나 신분증을 담당하는 공무원들은 새 신분증이 필요한 사람들을 위해 몰래 서류를 발급해줄 만한 장소를 마련해야 하죠. 교사노조는 비협조운동을 어떻게 할지 계획을 세워둬야 하고요. 스포츠클럽이나 교회, 노동조합은 정보를 어떻게 잘 전달할지 준비를 해둬야 할 겁니다. 시민사회도 만약의 사태에 대비해야 해요. 지도자들이 체포되거나 지하에 숨어서 소통해야 할 경우 어떻게 의사결정을 내리고 새로운 지도부를 선출할지 미리 생각해둬야 하잖아요. 종교공동체는 상징적 행동을 통해 단결을 강화하고 수감자 가족을 어떻게 지원할 수 있을지 생각해봐야 하고요. 이렇게 하면 기꺼이 체포의 위험을 감수하려는 사람들이 가족의 안위를 걱정하지 않아도 될 거예요.

하지만 그런 계획을 비밀로 유지하는 건 불가능하지 않을까요? 결국 모든 계획이 물거품이 되는 것 아닌가요?

계획을 세울 때는 최대한 많은 걸 공개적으로 해야 합니다. 그래야 침략을 생각하는 세력들한테 억제 효과가 생깁니다. 이곳을 침공하려는 자들은 누구라도 이런 사실을 알 수 있도록요. 군사점령에는 엄청난 인력이 필요할 텐데 이곳의 사람들은 통제하기가 쉽지 않으니 결국 얻을 수 있는 건 거의 없다는 걸 말이에요.

무기를 사용하지 않고 자신을 방어하는 방법에 관심을 보이는 국가가 왜 그렇게 적을까요? 비폭력 직접행동을 이해하는 사람들이 자국 정부를 상대로 이를 사용할까봐 두려워하기 때문일까요?

정확하게 보셨다고 생각해요. 일부 국가에서 민간 기반 방어에 관심을 보인 적이 있고 군사적 수단과 비무장 수단을 섞은 하이브리드 방어에 대한 연구를 진행하기도 했습니다. 하지만 제가 보기에는 국가라는 제도 자체가 비폭력 투쟁과 실제로 양립할 수 없어요. 사회적 방어와 비폭력 투쟁을 수행하는 데 필요한 조건은 정부의 하향식 지침보다는 공동체 차원의 자기 조직화에 훨씬 더 부합합니다. 저는 사회적 방어를 위해 필요한 훈련을 제공하며 국민을 제대로 준비시키는 데 주도적으로 나설 정부가 있을 거라고 보지 않아요. 그렇기 때문에 소위 일반 시민이라고 불리는 우리가 비무장 저항에 대비하는 데 앞장서야 하는 거죠. 제가 제안하는 건 오늘날 우리가 알고 있는 사회, 정치, 경제 구조와는 매우 다른 거예요. 그게 어떤 모습일지에 대한 대화를 앞으로 나눌 수 있으면 좋겠습니다.

선생님의 거친 아이디어가 이제는 어느 정도 이해가 되네요. 앞서 비폭력 방어에 대한 지식은 새로운 것이 아니라고 하셨죠. 어디서 더 많은 정보를 찾을 수 있습니까?

지금의 군대를 비폭력 방위로 대체하자는 아이디어는 한 세기 동안 '민간 기반 방어'라는 이름으로 사용되어 왔어요. 일부 학자들은 민간 기반 방어가 특정 영토를 침략으로부터 방어하는 군대와 동일한 목적을 수행하며 이를 대체할 수 있다고 생각했죠.[54] 이 분야에 상당한 노력이 기울여졌고 각국 정부가 이런 측면을 국방계획에 포함하도록 설득하려고 했습니다. 몇몇 곳에서 관심을 보였지만 대체로 시큰둥한 반응이었습니다. 예외적으로 리투아니아의 국방부 장관만이 진 샤프의 저서 《민간 기반 방어Civilian-based defence》를 읽고 '원자폭탄보다 이 책이 더 낫다'고 말했습니다.[55] 리투아니아에서는 실제로 일반 대중에게 비폭력적으로 침략에 대응하는 방법을 알리려고 노력하기도 했죠.[56]

어떤 학자들은 이런 맥락에서 '비폭력 방어'나 '사

회적 방어'라는 다른 용어를 사용하기도 해요.[57] 이들은 대개 영토보다는 공동체, 가치, 삶의 방식을 어떻게 지킬 수 있는지에 더 초점을 맞추기 때문에 '사회적'이라는 용어를 사용합니다. 최근 출간된 관련 서적으로는 예르겐 요한센과 브라이언 마틴의 책《사회적 방어 Social Defence》가 있습니다. 이 책은 사회운동이 어떻게 사회적 방어를 발전시키고 준비할 수 있는지를 시민들의 관점에서 다루고 있어요. 우크라이나가 전면 침공을 당하기 불과 몇 년 전에 출판되었기 때문에 매우 시의적절하며 소셜미디어 같은 최근의 기술 발전이 미칠 수 있는 잠재적 영향에 대한 고찰도 포함하고 있습니다. 마지막으로, 비무장 저항과 비폭력행동 및 이론에 대해 더 알고 싶은 분들을 위해 좋은 입문서 목록을 덧붙이겠습니다.

더 읽을거리: 비폭력 저항의 힘과 전략을 탐구하는 주요 문헌들

《전략적 비폭력 갈등: 20세기 피플파워의 역학(Strategic Nonviolent Conflict: The Dynamics of People Power in the Twentieth Century)》, 피터 애커맨·크리스토퍼 크루글러, 1994

이 책은 출간 후 30년이 지났지만 여전히 그 가치를 인정받고 있습니다. 비폭력 투쟁의 최신 사례를 다룬 연구서들이 여럿 나왔지만 비폭력 저항의 전략적 측면을 분석하는 데 관심 있는 독자라면 가장 체계적인 비교 분석을 살펴볼 수 있는 책입니다.

《비폭력 시민운동은 왜 성공을 거두나?》, 에리카 체노웨스·마리아 J. 스티븐, 강미경 옮김, 두레, 2019[원제: *Why Civil Resistance Works*](2011)

앞선 대화에서 저는 체노웨스와 스티븐의 이 책을 폭넓게 인용했습니다. 이 연구는 비폭력에 대한 이해를 대중화하고 학문적 관심을 넓히는 데 획기적인 역할을 해주었어요. 저자들은 비폭력이 폭력보다 더 높은 성공률을 보이는 이유와 그 방식을 설명합니다.

《시민 저항: 모두에게 필요한 지식(Civil Resistance: What Everyone Needs to Know)》, 에리카 체노웨스, 2021

이 책은 체노웨스가 2011년 마리아 J. 스티븐과 함께 쓴 앞의 책보다 더 쉽게 읽을 수 있는 대중서입니다. 비폭력의 역학관계를 다양한 사례로 설명하고 풀어내 시민 저항을 이해하는 데 매우 좋은 입문서라고 할 수 있습니다.[58]

《사회적 방어》, 예르겐 요한센·브라이언 마틴, 2019

사회적 방어에 관한 이 짧은 책에서 예르겐 요한센과 브라이언 마틴은 군사방어의 문제점을 짚어보고 현대사회가 침략과 군사 쿠데타로부터 스스로를 가장 효과적으로 방어할 수 있는 방법에 대해 논의합니다. 저자들은 민간 기반 방어와 사회적 방어의 차이점을 이해하기 쉽게 설명합니다. 또한 우리의 대화에서 미처다 다루지 못한 많은 역사적 사례를 소개하는데, 이는 오늘날 우크라이나 상황을 이해하는 데도 도움이 됩니다.

《비무장 경호: 인권 보호를 위한 국제 동행(Unarmed bodyguards: International Accompaniment for the Protection of Human Rights)》, 리암 마호니·루이스 엔리케 에구렌, 1997

비무장 국제 동행에 관심 있는 독자라면 국제평화봉사단의 초기 역사를 다룬 이 책이 좋은 출발점이 될 것입니다. 저자들은 평화운동의 초기 실험과 과테말라 현지 단체와의 협력 과정을 상세히 설명합니다. 이 책은 국제 동행의 특수한 역동성에 대한 이해를 높이는 데 도움이 되는 성공 사례와 문제점을 모두 다루고 있습니다.

《비폭력 행동의 정치학》, 진 샤프, 1973

이 책은 진 샤프가 비폭력 이론에 끼친 지대한 영향력 때문에 종종 '비폭력의 성경'이라고 불리기도 합니다. 50년 전에 출간되어 그 이후의 사건들은 다루지 않지만, 저는 20대 초반에 이 책을 읽고 세계관이 완전히 바뀌었습니다. 비폭력을 깊이 있게 공부하려는 사람이라면 샤프의 권력 동의 이론은 여전히 필수적인 읽을거리입니다. 그의 정치적 주짓수 개념과 비폭력 원칙의 중요성에 대한 통찰도 반드시 읽어볼 만합니다. 비폭력의 이론적 측면에 관심 있는 독자라면 뒤에 소개할 스텔란 빈타겐의 책도 함께 읽어보는 것을 추천합니다.

《건설적 저항: 해결책을 만들어 불의에 저항하기(Constructive Resistance: Resisting Injustice by Creating Solutions)》, 마이켄 율 쇠렌센·스텔란 빈타겐·예르겐 요한센, 2023

회의론자와의 대화에서 저는 '건설적 저항'이라는 개념을 간략하게 언급했고 마지막 질문에 대한 답변에서 직접민주주의와 커뮤니티 차원의 자기 조직화 가능성을 살짝 언급하기도 했습니다. 이 책에서 저를 비롯한 공저자들은 우리가 바라는 사회를 만들어가는 노력이 어떻게 기존 질서에 대한 저항이 될 수 있는지 자세히 설명합니다. 우리는 권력과 독립적으로 또는 권력에 맞서 조직을 구성해 변화를 이끌어낸 많은 역사적, 현대적 사례를 소개합니다. 저항과 건설을 창의적으로 결합하여 투쟁하는 사람들이 더 높은 성공률을 담보하며 지속 가능한 변화를 만들어낼 수 있다고 주장합니다.

《비폭력행동 이론: 시민 저항은 어떻게 작동하는가(A Theory of Nonviolent Action: How Civil Resistance Works)》, 스텔란 빈타겐, 2015

이 책은 비폭력의 역학을 이론적으로 이해하고 싶은 독자, 대화에서 간략하게 다룬 주제를 더 깊이 파악하려는 독자라면 반드시 읽어야 할 책입니다. 대화에서 직접 언급되지는 않았지만 빈타겐은 비폭력에 대한 저의 생각에 깊은 영감을 주었습니다. 그는 샤프의 권력 동의 이론을 설명하면서도 이를 비판적으로 검토하고 한층 더 발전시킵니다. 나아가 간디, 페미니즘, 다양한 사회학 사상가들의 통찰을 바탕으로 매우 창의적이고 혁신적인 비폭력행동 이론을 제시합니다.

옮긴이 해제

왜 이 책인가

우리는 전쟁의 시대를 살고 있다. 2022년 2월 시작된 러시아의 우크라이나 침공은 4년째에 접어들고 있으며, 2023년 10월 시작된 이스라엘의 가자지구 공격으로 수많은 민간인이 희생되었다. 현재 휴전과 인질 협상이 타결되었지만, 근본적인 문제는 여전히 해결되지 않은 상태이다.

이처럼 평화운동단체들이 좌절감과 무력감에 빠져 있을 때, 내가 일하는 곳이자 한국의 평화주의/반군사주의단체인 전쟁없는세상 앞으로 뜻밖의 제안이 들어왔다. 바로 이 책을 한국어로 번역하고 출판하는 데 함께하지 않겠냐는 것이었다. 이미 독일, 노르웨이, 스웨덴, 덴마크의 단체들과 협업이 진행되었거나 진행 중이며, 더 많은 파트너들에게도 제안이 이루어지고 있다고 했다.

처음 제안을 받았을 때 우리는 망설였다. 출판사의 생각대로 이 책의 내용을 가능한 한 많은 사람들에게 알리는 것이 중요하다는 점에는 매우 동의했지만, 책이 다루는 주제인 점령 시기 비폭력 투쟁의 정당성과 효과성이 한국사회에서는 그동안 거의 논의되거나 연구된 적이 없는 분야라는 점이 걱정되었다. 앞으로도 어떤 예상치 못한 계기가 없다면 이러한 상황이 크게 달라지지 않을 것 같아서, 한국의 독자들에게는 다소 생소하게 다가갈 수 있는 책이라고 생각했다.

하지만 책을 자세히 검토한 후, 우리는 이 책이 가진 두 가지 강점을 발견했다. 하나는 대화체의 서술 형식을 선택하여 복잡한 내용을 쉽게 전달하고 있다는 점이었고, 다른 하나는 비록 점령 시기의 이야기를 다루고 있지만 현재 한국의 사회운동과도 많은 연관성을 가지고 있어 의미 있는 공론화가 가능하리라는 점이었다.

이 책은 전쟁이나 점령과 같은 상황에서 우리가 선택할 수 있는 비폭력 대안에 관해 서술한다. 이러한 대안들은 기본적으로 당시의 정세, 억압받는 사람들이 가지고 있는 자원 등에 따라 무엇이 효과적일지를 고심해서 선택하는 문제이다. 폭력이 도덕적으로 나쁘기 때문이라기보다는(물론 그것도 있지만) 폭력이 저쪽의 수단이기 때문에 비폭력을 선택해 승리의 가능성을 높이는 것이다. 그렇기 때문에 그 논리는 꼭 전쟁이나 점령 같은 극단적인 상황이 아니더라도 소위 평화 시기 사회운동에도 적용될 수 있다. 돈이든 사람이든 무너뜨리려고 하는 상대에 비해 가진 자원이 턱없이 부족한 사회운동은 어떤 캠페인과 행동을 기획할 때 무엇이 더 효과적일지 혹은 무엇이 더 우리가 실행하기 쉬울지 등을 늘 고려하고, 그 계획이 실행되는 과정에서 끊임없이 평가하며 승리의 가능성을 높이려 하기 때문이다.

또한 전쟁이나 점령과 같은 상황이 현재 한국 땅에서 벌어지고 있지 않더라도 한국의 평화운동과 통일운동에서는 비슷한 논쟁이 있어왔다. 북한의 (핵)무장을 어떻게 볼 것인가는 남한 평화운동, 통일운동의 오랜 논쟁거리였다. 이는 책에도 언급되는 억압에 맞서 싸우는 자의 방어권에 관한 논의의 연장선이라 볼 수 있다. 최근 이스라엘의 팔레스타인 공격과 관련해서도, 이번 학살을 시작할 빌미가 된 하마스의 무력행동을 팔레스타인의 방어권 연장으로 보고 지지하는 사회단체들에 대한 비난이 쏟아지기도 했다. 비록 '팔레스타인인과 연대하는 사람들'이나 '팔레스타인과 연대하는 한국 시민사회 긴급행동'에 함께하고 있는 사회단체들이 팔레스타인의 무장 투쟁에 대해 어떤 태도를 보일 것인가를 두고 공식적으로 토론을 하거나 연합

형성의 기준을 마련한 적은 없었지만 말이다.

책이 다루는 이야기들

이 책은 그리스신화에 나오는 평화의 여신에서 이름을 딴 아이린출판사Irene Publishing에서 발간되었다. 아이린출판사는 일반적인 출판사라기보다는 대안적인 공동체에 가까운 곳이다. 스웨덴 달슬란드 지역에 위치한 이 공동체는 북유럽비폭력연구그룹Nordic Nonviolence Study Group, NORNONS의 본거지이자 출판사 사무실로, 2만 권 이상의 책을 보유한 도서관, 작가 레지던스, 광활한 텃밭과 두 개의 온실, 닭장, 작은 제재소와 강당, 사우나 등을 갖추고 있다. 이 출판사의 대부분 활동은 비영리이며, 세상의 불의와 폭력을 줄이기 위해 노력하는 사람들을 돕기 위해 이루어진다고 한다. 이 책 역시 부분적으로 기부를 통해 자금을 조달하고 출판되었다.

이 책은 짧은 팸플릿에 가까우며, 내용은 대화체로 구성되어 있다. 저자는 가상의 '회의론자'와 대화하며 현대 평화주의의 주요 쟁점들을 검토한다. 이는 단순한 서술 형식의 선택이 아니라, 평화주의에 대한 현실적인 의문들과 비판들을 정면으로 다루면서 실천적이고 전략적인 평화주의의 가능성을 모색하는 것이다. 책은 저자의 개인적인 성찰로 시작하는데, 러시아가 우크라이나를 침공한 지 1년 되었을 때 저자는 자신의 평화주의 신념을 깊이 고민하게 되었고, 그 결과 오히려 평화주의적 입장이 더욱 굳건해졌다고 말한다.

이 책의 구성은 크게 세 부분으로 나눌 수 있다.

1) 비폭력 저항의 이론적 토대와 역사적 사례
(비무장 투쟁의 논리, 위험한 실험)
2) 현재 우크라이나 전쟁의 맥락과 분석
(평화주의와 군사주의, 나토의 역할)
3) 구체적인 대안과 실천 방안
(푸틴을 끌어내리는 방법, 비무장 투쟁의 준비)

'비무장 투쟁의 논리' 장에서는 비무장 투쟁의 구체적인 사례와 그 효과를 설명한다. 특히 2차 세계대전 중 나치 독일의 점령에 맞선 노르웨이 교사들의 저항을 상세히 다룬다. 교사들은 나치의 교육 개입에 맞서 집단적으로 저항했고, 결국 나치는 자신들의 요구를 철회할 수밖에 없었다. 이 사례는 점령세력이 현지 주민의 협조 없이는 통치할 수 없다는 사실을 보여준다. 또한 이 장에서는 에리카 체노웨스와 마리아 스티븐의 연구를 소개하며, 비폭력 투쟁이 폭력적 저항보다 더 높은 성공률을 보인다는 것을 통계적으로 입증한다. 특히 독재정권에 대한 저항운동에서 비폭력의 성공률(59퍼센트)이 폭력(27퍼센트)보다 훨씬 높았다는 점을 강조한다.

'위험한 실험, 비무장 투쟁' 장에서는 비무장 투쟁이 수반하는 위험과 그 대처 방안을 다룬다. 특히 국제동행이나 비무장 경호 같은 혁신적인 방법을 소개한다. 이는 외국 시민들이 현장에 함께 있음으로써 인권활동가들을 보호하는 방식이다. 저자는 러시아와 우호적 관계를 유지하는 국가들(브라질, 남아프리카공화국 등)의 시민들이 이러한 역할을 할 수 있다고 제안한다. 이는 러시아가 이들 국가의 시민을 해치는 것을 꺼릴 것이기 때문이다.

'평화주의, 군사주의, 무기 수출' 장에서는 군사주의의 문제점을 지적하고, 우크라이나에 대한 무기 지원이 해결책이 될 수 없다고 주장한다. 저자는 군사주의가 마치 전염병처럼 퍼져나가면서 비군사적 해결책을 상상하기 어렵게 만든다고 지적하는데, 특히 이스라엘-팔레스타인 분쟁을 예로 들며 군사적 해결책이 오히려 폭력의 악순환을 심화시킬 수 있다고 설명한다. 이는 우크라이나 상황에도 적용될 수 있는 교훈이다.

'더 큰 그림, 나토' 장에서는 우크라이나 전쟁의 더 넓은 맥락을 살펴본다. 특히 냉전 종식 이후 나토의 동진이 러시아의 안보 불안을 자극했다는 점을 지적한다. 이는 러시아의 침략을 정당화하는 것이 아니라, 갈등의 역사적 맥락을 이해하고 해결책을 찾기 위한 것이다.

'푸틴을 끌어내리는 방법' 장은 러시아의 변화 가능성을 탐구한다. 저자는 푸틴을 권좌에서 끌어내릴 수 있는 가장 유력한 세력으로 러시아 시민들을 지목한다. 특히 러시아 여성들의 역할에 주목하며, 과거 체첸 전쟁 당시 군인의 어머니들이 했던 것처럼 반전운동이 다시 성장할 가능성을 제시한다.

마지막 장인 '비무장 투쟁, 그 준비와 가능성'에서는 비무장 투쟁을 위한 준비의 중요성을 강조한다. 군사훈련이 필요하듯이 비폭력 저항도 철저한 준비와 훈련이 필요하다는 것이다. 저자는 다양한 시나리오를 연습하고, 각 조직이 자신의 역할을 미리 계획해야 한다고 주장한다.

이 책의 핵심 주장은 다음과 같다.

첫째, 전쟁은 그 어떤 경우에도 해결책이 될 수 없다. 전쟁은 수많은 인명을 앗아갈 뿐 아니라 사회 기반시설을 파괴하고 인권과 민주주의를 후퇴시킨다. 또한 전쟁이 끝난 뒤에도 적대감이 이어져 폭력의 악순환이 계속된다.

둘째, 비폭력 저항은 단순한 도덕적 선언이나 수동적 태도가 아니라 적극적인 투쟁 방식이다. 파업, 보이콧, 비협조 등 다양한 형태의 비폭력행동을 통해 점령군의 통치를 불가능하게 만들 수 있다. 실제로 역사적 사례들을 보면 비폭력운동이 폭력적 저항보다 더 높은 성공률을 보였다.

셋째, 비폭력 저항의 힘은 점령자가 현지 주민들의 협조 없이는 통치할 수 없다는 데서 나온다. 점령군은 표면적으로라도 정상적인 통치가 이루어지는 것처럼 보이길 원하는데, 주민들의 광범위한 비협조는 이를 불가능하게 만든다.

넷째, 비폭력 저항은 러시아 국민들의 지지를 얻는 데도 유리하다. 우크라이나가 비폭력으로 저항한다면 러시아 군인들과 시민들이 정권의 선전을 의심하고 전쟁에 반대할 가능성이 높아진다.

저자가 제시하는 전쟁에 대한 여러 대안들은 얼핏 실현 불가능한 일처럼 느껴질 수 있다. 우리가 살고 있는 전쟁의 시대가 너무나 폭력적이기 때문이기도 하고, 이런 여러 대안들을 우리가 너무 모르고 있기 때문이기도 하다. 우크라이나 전쟁뿐만 아니라 가자지구의 비극적 상황은 군사주의적 해결책의 한계를 여실히 보여준다. 이런 시기에 이 책은 평화주의가 단순한 이상이나 원칙이 아닌, 구체적이고 실천적인 대안이 될 수 있음을 제시한다.

비폭력 저항의 정의와 논쟁점

비폭력 저항 혹은 비폭력행동은 평화 시기뿐만 아니라 전쟁과 같은 극단적 폭력상황을 종식하고 평화를 만들어내는 데도 효과적이다. 그렇다면 비폭력 저항이란 무엇인가? 이는 매우 넓은 범주의 사회적·정치적 행동으로, 학자들과 평화운동가들 사이에서도 완전히 합의된 정의나 용어가 없다. 비폭력 저항은 한쪽에서는 폭력과의 경계에서 복잡한 문제가 발생하고, 다른 한쪽에서는 제도화된 정치행동과의 차이에서 모호함이 발생한다.

일반적으로 비폭력 저항이라고 하면 물리적 폭력을 사용하지 않는 행동을 떠올리기 쉽다. 총과 미사일, 몽둥이를 사용하는 것이 폭력이라는 데는 대부분 동의한다. 그러나 이 책에서도 언급된 행동 중 하나인 사보타주는 어떻게 봐야 할까? 예를 들어, 전쟁없는세상이 여름마다 개최하는 평화캠프에서 종종 논의되는 사례로, 반세계화 시위 중 착취적 세계화의 상징인 맥도날드의 유리창을 깨는 행위가 있다. 이를 폭력으로 간주할 것인가, 비폭력으로 간주할 것인가?

일부 참가자들은 "고통을 느끼지 않는 무생물에 대한 폭력은 비폭력"이라는 주장을 펼치며 이를 옹호한다. 반면 또 다른 참가자들은 "만약 그 맥도날드가 본사 직영이 아닌 가맹점이라면, 이는 업주에게 지나치게 가혹한 처사이기에 동의할 수 없다"고 반대 의견을 낸다. 혹은 "유리창이 깨지는 모습은 너무 극적이어서 실제로 아무도 다치지 않아도 폭력적으로 느껴질 수 있다"와 같은 반론이 제기되기도 한다. 이와 같은 논쟁은 끝없이 이어질 수 있다.

계엄을 거드는 국민의힘 당사의 현판에 불을 지르는 행위는 폭력일까, 비폭력일까? 일부 참가자들은 "주변에 아무도 없다면 비폭력으로 간주할 수 있다"고 말한다. 또 다른 참가자들은 "만약 현판을 부수자고 하면 동의할 수 있지만, 불을 지르는 것은 불씨가 어디로 튈지 모르는 위험한 행동"이라며 반대한다. 이처럼 다양한 관점에서 폭력과 비폭력의 경계가 논의될 수 있다.

또 다른 예시들을 살펴보자. 팔레스타인 해방운동가들은 가옥 철거용 불도저의 연료 탱크에 모래를 넣어 작동을 방해한다. 환경운동가들은 벌목 대상 나무에 철못을 박아 톱날이 손상되도록 만든다. 평화운동가들은 핵잠수함의 운영 시스템을 망치로 파괴한다. 이러한 행동들은 물리적 파괴를 수반하지만, 그 목적은 인명 피해를 예방하는 데 있다. 따라서 이러한 전술들은 폭력과 비폭력의 경계에 있는 것으로 평가되며, 이에 대한 해석은 관점에 따라 달라질 수 있다.

제도화되지 않은 비폭력행동의 특징

비폭력 저항의 또 다른 중요한 특징은 제도화된 정치 채널을 벗어난 행동이라는 점이다. 일반적 방식인 정보 제공, 로비, 투표 등으로는 목표 달성이 어려울 때, 시위, 직접행동, 파업, 보이콧과 같은 비제도적 방법들이 동원된다. 이러한 특성은 사회적 맥락에 따라 다르게 해석될 수 있다. 예를 들어, 정치적 표현이나 결사의 자유가 제한된 사회에서는 단순한 탄원서 제출조차 위험한 저항행위가 된다. 이런 환경에서는 온라인 서명운동 같은 활동도 중요한 비폭력 저항의 형태가 된다. 반면 한국처럼 시민의 자유가 보장된 사회에서 탄원서는 직접적인 변화를 이끌어내기보다는 조직의 역량을 강화하는 일상적 수단으로 기능한다.

진 샤프가 1973년에 정리한 198가지 비폭력행동 목록을 보면, '항의와 설득' 카테고리에는 전단지 배포, 농성, 집회, 침묵 시위 등 상징적 항의행위들이 포함되어 있다. 이는 '비협조'와 '개입'이라는 다른 두 카테고리에 비해 상대적으로 온건한 방식들이다. 이러한 행동들은 독재체제에서는 목숨을 건 저항이 될 수 있지만, 민주주의사회에서는 일상적인 정치 참여 방식으로 받아들여진다.

따라서 비폭력행동을 계획할 때는 사회적 맥락을 신중히 고려해야 한다. 그렇지 않으면 실질적 영향력이 없는 행동에 그치거나, 의도하지 않은 결과를 초래할 수 있다. 전단지 배포나 서명운동 같은 일상적 활동도 특정한 시공간에서는 강력한 저항 수단이 될 수 있다. 중요한 것은 각각의 행동이 가진 효과성이다.

이러한 이유로 일부 활동가와 연구자들은 '비폭력'이라는 용어 자체에 문제를 제기한다. 이 표현이 불필요한 논쟁을 야기할 수 있다고 보고, 대신 간디가 사용한 '시민 저항civil resistance'이라는 용어를 선호한다. 중요한 건 명칭과 관계없이 저항행동의 실질적 효과에 집중해야 한다는 것이다.

비폭력은 현명한 전략과 신중한 방법 선택, 그리고 투쟁의 역학관계에 대한 깊은 이해를 통해 성공 가능성을 높일 수 있다. 하지만 한국에서는 비폭력 저항이 이러한 전략적 차원에서 논의되기보다는, 2008년 촛불을 기점으로 대규모 비폭력 거리행동 중에서 특정 행위나 발언이 폭력인가 비폭력인가를 둘러싼 논쟁으로 축소되는 경향이 있었다.

가족 단위 참여가 독려되었던 대규모 비폭력 거리 시위에서 과격해 보이는 행동이나 발언은 폭력이냐 비폭력이냐의 이분법적 논쟁보다는 그것이 촛불시위의 영향력을 극대화하는 데 효과적인가, 라는 관점에서 검토되어야 했다. 예를 들어, 시위대를 고립시키기 위해 설치된 이른바 '명박산성'(차벽)을 넘어가는 행위는, 공권력을 폭행하지 않는 한 폭력적 행위라 할 수 없다. 오히려 그 행동이 전략적으로 효과가 있는지, 그리고 차벽을 넘어간 이후의 계획은 무엇인지를 중심으로 논의했어야 한다. 그러나 이러한 행동 자체를 폭력으로 규정하려 했던 당시의 프레임은 비폭력을 명박산성 안에 갇혀서도 순응하는 소극적 태도로 왜곡시킬 위험이 있었다.

정리하자면, 첫째, 비폭력은 능동적이고 적극적이다. 때로는 수동적 방식을 선택하기도 하지만 이는 어디까지나 전략상 효과를 고려하기 때문이다. 간디의 소금행진이 대표적 사례다. 경찰의 폭력에 완전히 무대응으로 일관함으로써 영국인들이 자신들의 잘못을 깨닫게 만든 것은 상대를 변화시키기 위한 전략이었다. 둘째, 비폭력은 합법과 불법의 경계를 넘나들 수 있다. 2018년 이전까지 감옥행을 각오해야 했던 병역 거부는 대표적인 시민불복종 형태의 비폭력행동이었다. 셋째, 비폭력은 대규모일 때도 있고 소규모일 때도 있다. 촛불집회와 같은 대규모 행진은 가능한 여러 방법 중 하나일 뿐이다.

비폭력 저항, 도덕에서 실증으로

비폭력 연구는 비폭력 저항운동에 대한 연구로 사회 변화를 달성하기 위한 방법으로서 비폭력행동의 전략, 전술, 효과 등을 탐구한다. 세계적으로 비폭력 저항운동에 대한 학문적 연구는 1919년부터 1948년까지 지속된 마하트마 간디의 인도 독립운동을 계기로 시작되었다. 군사력과 경제력에서 압도적인 우위를 점하고 있던 영국 제국에 맞서 간디는 비폭력 저항이라는 혁신적인 방식으로 독립 투쟁을 이끌었고, 이는 전 세계적으로 큰 반향을 일으켰다. 물론 조선 말기 시대 사람인 간디는 지금 우리가 연구자 하면 쉽게 떠올릴 수 있는 그런 연구자가 아니었고 자신의 연구를 학술지 등에 발표하려 한 적도 없었다. 하지만 이 역사적 사건은 비폭력 저항에 대한 학문적 관심의 시발점이 되었다.

초기 연구자들은 간디 운동의 도덕적, 심리적 측면에 주목했다. 당시 운동의 철학이었던 '사티아그라하satyagraha(진리를 찾으려는 노력)'를 통해 비폭력이 단순한 전술이 아닌 도덕적 가치로서 작동하는 방식을 분석했다. 연구자들은 저항자들이 고통을 통해 도덕적 힘을 얻게 되는 과정, 그리고 이것이 억압자들에게 도덕적 압박으로 작용하는 메커니즘을 탐구했다. 비폭력 저항자들이 보복하지 않고 고통을 감내할 때 공격자들이 도덕적 균형을 잃고 수치심을 느끼게 된다는 '도덕적 주짓수' 개념도 이 시기에 등장했다. 이는 영국 식민 통치 시기 인도의 소금행진에서 잘 드러났는데, 비폭력 시위대를 공격하는 영국 군인들이 스스로의 행동에 깊은 회의를 느끼게 된 것이 대표적 사례다. 이 책에도 언급되는 샤프의 정치적 주짓수는 이 도덕적 주짓수를 발전시킨 개념이다.

1970년대에 들어서면서 연구의 중심은 도덕적 측면에서 실용적 접근으로 옮겨갔다. 샤프는 이 책에서도 소개된 《비폭력 행동의 정치학》이라는 저서를 통해 비폭력에 대한 기존의 도덕적, 철학적 접근에서 벗어나 실용주의적 관점을 도입했다. 그는 시민들이 가진 다양한 형태의 권력, 특히 협력을 거부하고 노동력과 기술, 물적 자원을 철회할 수 있는 능력에 주목했다. 그는 이러한 비협조가 체계적으로 이루어질 경우 어떤 국가도 정상적으로 기능할 수 없게 된다고 주장했다.

빈타겐은 간디와 샤프의 상반된 접근 방식을 검토하고 비판하면서 새로운 시각을 제시했다. 그는 간디의 사티아그라하를 종교적, 도덕적 동기가 아닌 사회학적 이론에 근거해 설명하고자 했으며, 동시에 샤프의 권력에 대한 환원주의적 접근을 비판했다. 빈타겐은 샤프와 달리 비폭력을 단순한 전략적 행동이 아닌 여러 합리성이 결합된 행동으로 보며, 간디주의자와 샤프주의자들 사이의 화해를 시도했다.

이러한 실용주의적 관점으로의 전환은 비폭력 저항에 대한 실증적 연구의 토대를 마련했다. 이 책에서도 소개하고 있는 에리카 체노웨스와 마리아 J. 스티븐의 2011년 연구가 대표적이다. 2019년 한국에서 《비폭력 시민운동은 왜 성공을 거두나?》라는 제목으로 번역, 출간되기도 한 이 연구는 1900년부터 2006년까지의 체제 변화, 외국 점령군 추방, 분리독립운동 사례들 중 주목할 만한 323건(그중 비폭력운동은 106건이다)을 대상으로 한 양적 분석을 담고 있다.

이 획기적인 연구는 비폭력운동이 폭력적 운동보다 두 배 이상 높은 성공률을 보인다는 사실을 밝혀냈다. 더욱 주목할 만한 것은 비폭력운동을 통한 체제 전환이 더 안정적인 민주주의로 이어진다는 발견이다. 연구 결과에 따르면, 성공적인 비폭력운동 이후 5년 내에 민주주의가 정착할 확률은 57퍼센트였던 반면, 폭력적 운동의 경우 이 확률이 6퍼센트에 불과했다. 또한 운동의 규모가 클수록, 군부의 이탈이 발생할수록, 전술이 다양할수록 성공률이 높아지는 것으로 나타났다. 체노웨스는 후속 연구를 통해 저항운동의 성공 요인을 분석했는데, 여기에는 전 계층의 대중 참여, 정권 지지자들의 충성심 전환, 다양한 전술의 활용, 그리고 탄압에 직면했을 때의 규율과 회복력 등이 포함되었다.

이처럼 비폭력 저항운동 연구는 도덕적 철학에서 시작하여 실용적 전략론을 거쳐 실증적 사회과학으로 발전해왔다. 이는 사회 변화를 위한 비폭력적 방법의 이해와 적용이 더욱 정교해지고 있음을 보여준다. 현대사회에서 비폭력 저항은 정치적 변화를 이끌어내는 주요한 수단이 되었으며, 이에 대한 체계적인 이해는 더 평화롭고 민주적인 사회 변화를 위한 실천적 지침을 제공할 수 있다는 점에서 중요성을 갖는다.

한국에서 비폭력 저항을 말하다

한국에서는 이와 같은 이름을 가진 연구 학파나 학회가 있었다는 기록을 찾아보기 어렵다. 가장 근접한 학문 분야는 평화학일 것으로 보이며, 강원대학교 평화학과가 본격적으로 평화학을 학문으로서 교육하고 연구하고 있다. 국제적으로도 평화학이 학문으로 정립되어 비폭력 및 관련 분야의 연구를 제도화하기 위한 상당한 노력이 있었지만, 실제로 비폭력에 대한 대부분의 학습은 공식적인 채널 밖에서 이루어지는 경우가 많다. 전쟁없는세상의 비폭력 프로그램이 그 좋은 예시다.

그러나 꼭 '비폭력'이라는 이름을 붙이지 않더라도, 특정 운동이나 캠페인의 방법과 전개 과정을 조사하는 사회운동 전반에 관한 연구는 활발하게 이루어지고 있다. 학술연구정보서비스 RISS에서 '사회운동'을 키워드로 검색하면 총 4337건의 자료가 확인된다. 이 중 단행본만 1189권이며, 한국어로 작성된 단행본이 779권에 달한다. 1900년에 출판된 《갑신 신오기의 근대변혁과 민족운동》(원제는 한문)과 《21세기를 향한 새로운 사회과학》을 시작으로 2024년까지 다양한 사회운동 관련 단행본들이 출판되어왔다.

반면 '비폭력'과 '운동'을 주제어로 검색하면 단 63건만이 검색된다. 이는 국내 학술논문 40편, 학위논문 4편, 단행본 16권, 연구보고서 3편으로 구성되어 있다. 단행본의 대부분은 간디와 함석헌에 관한 연구다. 함석헌은 일제강점기부터 민주화운동 시기까지 활동한 언론인이자 민중운동가, 사상가, 문필가였다. 그는 퀘이커 교도였는데, 퀘이커교는 구호 활동과 반전평화운동에 대한 지속적인 헌신으로 1947년 노벨평화상을 수상했다. 함석헌이 운영한 교육과 농사 공동체인 씨알농장에서는 1960년대 초 홍명선이 병역거부를 하기도 했다. 함석헌의 씨알 사상은 간디의 비폭력 사상과도 비교되며, 한국적 맥락에서 비폭력 저항의 고유한 이론을 발전시켰다고 평가받는다.

편 수가 가장 많은 국내 학술논문을 살펴보면, 한국의 사례를 다룬 논문들 중 독립운동 시기를 연구한 것이 가장 많다. 그중에서도 만세운동이 대표적인 연구 대상이다. 최근에는 만세운동의 비폭력적 특성을 간디의 사티아그라하 운동과 비교하는 연구가 증가하면서, 동아시아 평화운동의 맥락에서 새롭게 조명되고 있다. 또한 천도교, 기독교 등 종교단체들의 평화적 저항, 교육과 계몽 활동, 민족의식 고취를 위한 문화 활동과 연계한 연구도 진행되어 왔다.

체노웨스와 스티븐의 연구에 등장하는 한국의 운동 사례는 다음 세 가지이다. 1960년 이승만 독재에 저항한 4·19혁명, 1979~1980년 박정희 독재에 저항한 일련의 항쟁들, 그리고 1987년 민주화운동. 이들은 각각 성공한, 실패한, 부분적으로 성공한 '비폭력'운동의 사례로 분류되었다. 처음 이 운동들이 '비폭력'으로 분류된 것을 확인했을 때 잠시 의문이 들기도 했다. 광주의 시민군이나 학생운동·노동운동의 사수대 역사를 알고 있었기 때문이다.

한국의 사례뿐만 아니라 대부분의 저항운동은 순

수하게 폭력적이거나 비폭력적이지 않다. 비폭력으로 분류된 사례들도 대부분 우발적인 폭력사태를 포함하고 있다. 같은 행위라도 맥락에 따라 다르게 해석될 여지가 많지만, 이러한 방대한 통계 연구에서는 그러한 맥락적 차이를 모두 반영하기가 거의 불가능했을 것이다. 이 연구에서 폭력과 비폭력의 분류는 전체 운동 기간 동안 가장 두드러진 전술을 기준으로 이루어졌다.

실제로 많은 저항운동은 시간이 지남에 따라 전략적 변화를 겪는다. 무장 게릴라가 무기를 내려놓고 시민 저항운동에 참여하게 되는 경우가 드물지 않듯이, 비무장운동이 국가에 대항해 무기를 들게 되는 경우도 있다. 같은 혁명이라도 어떤 단계에서는 폭력적일 수 있고, 다른 단계에서는 비폭력적일 수 있다. 또한 운동이 한 가지 전술만을 엄격하게 고수하는 경우는 드물다. 폭력 혁명가들도 종종 보이콧이나 총파업과 같은 비폭력행동을 무장 투쟁과 병행하며, 비폭력 시민 저항자들도 때로는 건물이나 경찰 차량을 파손하는 행위를 하는데, 일부에서는 이를 폭력적인 행동으로 간주하기도 한다. 운동이 주로 한 가지 전략에 의존할 수는 있지만, 폭력과 비폭력의 경계가 모호한 영역은 항상 존재한다.

RISS에서 찾아본 국내 연구에서는 '비폭력'의 관점으로 이러한 운동들을 분석한 논문이나 단행본을 찾을 수 없었다. 반면에 일반적인 사회운동의 관점에서 1960~1980년대 민주화운동을 다룬 연구는 풍부하게 존재했다. 4·19혁명, 부마민주항쟁, 5·18 민주화운동, 1987년 민주화운동 등에서 나타난 저항의 전략과 그 효과성이 주요 연구 주제였으며, 특히 종교계를 중심으로 한 운동의 이념과 실천에 대한 연구가 활발히 이루어져왔다.

2000년대 이후에는 시민사회의 평화적 저항운동에 대한 연구도 꾸준히 증가하고 있다. 촛불시위와 같은 새로운 형태의 비폭력 저항이 주목받고 있으며, 특히 SNS와 같은 디지털 기술을 활용한 평화적 저항 방식과 그 효과에 대한 연구가 늘어나는 추세다.

비폭력 저항은 어떻게 변화를 만드는가

지난 세기 동안 발전한 비폭력행동 이론은 현 상태를 유지하게 하는 지지 기반을 약화시킬 때 가장 효과적이라고 설명한다. 샤프의 분석에 따르면, 권력은 대부분의 사람들이 적극적으로 지지하거나 수동적으로 동의하기 때문에 지속된다. 사람들은 유권자, 노동자, 소비자, 납세자, 방관자 등의 역할로서 기존 체제를 지지한다. 이러한 지지는 습관이나 관습, 최선이라는 믿음, 혜택에 대한 기대, 또는 제재에 대한 두려움에서 비롯된다. 선거에서 우익정당 후보를 지지하는 사람들뿐만 아니라, 우리 모두가 일상생활 속에서 크든 작든 기존 질서를 지지하고 있다.

다행스러운 점은 대부분의 사람들이 탄압의 실체를 알고 저항할 수 있다고 느낄 때 어떤 방식으로든 행동에 나선다는 것이다. 이러한 저항은 실질적인 변화를 이끌어낼 수 있다. 현재 진행 중인 내란상황에서 우리는 이를 실시간으로 목격하고 있다. 공무원, 계엄군, 경호처 인원들이 항명, 태업, 의도적 외면 등 다양한 방식으로 지지를 철회하고 있는 것이다. 충분한 수의 사람들이 수동적 동의를 철회하고 직장에서의 행동(파업, 태업), 소비자로서의 행동(보이콧, 선택적 구매), 유권자로서의 행동, 또는 직접적인 개입(발언, 전단지 배포, 집회, 봉쇄, 점거 등)을 시작하면 변화는 필연적으로 일어난다. 역사는 특히 특정 노동자 계층이 동의를 거부할 때 그 효과가 가장 명확하고 강력했음을 보여준다. 경찰이나 군 인력이 명령 수행을 거부하고, 뉴스 기자와 편집자들이 반대행동을 우호적으로 보도하며, 관리자와 경영진이 새롭고 급진적인 결정을 내릴 때 변화는 더욱 분명하게 나타났다.

따라서 비폭력행동의 가장 효과적인 목표는 활동가 등 선구자들이 모범을 보임으로써 더 많은 사람들이 기존 질서에 대한 지지를 철회하도록 만드는 것이다. 이는 적극적인 동의 철회나 수동적 순응의 거부를 통해 이루어질 수 있다. 물론 이는 쉬운 과제가 아니지만 불가능한 것도 아니다. 더 나은 대안을 제시하고 그것이 어떻게 작동하는지 보여줄 수 있다면, 많은 사람이 그것을 받아들이고 현상 유지를 포기할 것이다.

물론 권력의 지지 기반을 약화시키고자 하는 비폭력운동이 항상 성공하지는 않는다. 비폭력 저항 연구자들과 활동가들은 어떤 운동은 성공하고 어떤 운동은 실패하는지에 대한 메커니즘을 이해하고자 노력해왔다. 그러나 각각의 상황이 매우 복잡하기 때문에 직접적인 인과관계를 밝히는 것은 쉽지 않은 과제였다.

이에 대해 몇 가지 가설들이 제기되었는데, 그중 하나는 각 운동이 처한 구조적 조건과 특수한 상황을 고려하는 것이다. 예를 들어, 억압자가 치명적인 무력 사용을 꺼리는 사회에서만 비폭력 저항이 효과적이라는 주장이나, 특정한 경제적 조건과 교육 수준이 필요하다는 견해가 있다. 이 외에도 민족적 다양성, 정치문화적 역사, 인구 규모, 영토 면적 등 다양한 조건들이 비폭력운동의 성패에 영향을 미친다는 의견이 제시되었다.

한편, 이러한 구조적, 상황적 요인들에 대한 반론으로서 운동 주체가 어느 정도 통제할 수 있는 변수들, 즉 사회운동 주체의 기술과 행위성이 강조되기도 했다. 운동이 선택하는 전략, 사람들을 동원하고 참여를 유지하는 데 사용되는 언어와 논리, 연대 구축의 방식, 반대자들에 대한 공략 지점과 방법 등 시민 저항 과정에서 내려지는 수많은 결정들이 그 예다.

그러나 운동 주체의 기술과 행위성이라는 요인은 비폭력운동을 분석할 때 자주 과소평가되고 간과되는 경향이 있다. 이 책의 저자가 강조하는 준비와 훈련의 중요성은 바로 이러한 행위성의 역할이 인정되었을 때 가능한 주장이다. 사회운동의 주체적 역량과 기술이 과소평가되는 이유는 아마도 많은 이가 집단적 행동을 통한 사회 변화의 가능성을 의심하거나 간과하기 때문일 것이다. 최근 내란 사태를 겪으며 시민들의 정치적 각성이 최고조에 달한 지금은 예외적인 상황이지만, 보통 사회는 운동의 성과와 공을 인정하는 데 인색한 편이었다.

전쟁없는세상이 '캠페인 전략'이라는 주제로 트레이닝을 진행할 때 강조하는 부분이 있는데 바로 전략의 중요성이다. 사회부정의를 실행하는 집단은 이러한 기술과 행위성의 중요성을 인지하고 있으며, 막대한 자금을 투입해 구체적인 전략을 수립한다. 가용 자원이 제한된 사회운동단체들은 이에 맞서기 위해 더 치밀한 고민과 전략 수립이 필요하다. 전략적 접근을 통해 불리한 조건을 극복하거나 우회할 수 있는 방안을 모색할 수 있기 때문이다.

그렇다면 효과적인 캠페인 전략 수립을 위해서는 무엇이 필요할까? 우리는 다음과 같은 요소들을 종합적으로 고려해야 한다. 첫째, 전술의 선택과 배치. 즉 어떤 전술을 사용할 것인지, 그리고 이를 어떤 순서로 배치할 것인지를 고려해야 한다. 둘째, 대상의 선정. 전술의 대상이 될 개인과 집단을 명확히 한다. 셋째, 목표 설정. 단기, 중기, 장기 목표를 구체적으로 수립한다. 넷째, 소통 경로 확보. 연대 구축에 필요한 소통 채널을 마련한다.

이를 위해서는 비폭력 투쟁이 전개되는 상황에 대한 총체적 분석이 선행되어야 한다. 공식적, 비공식적 정보 수집과 현장의 목소리에 귀 기울이는 한편, 운동 전 과정에 걸쳐 반대세력과 중립적 제3자에 대한 지속적 분석이 병행되어야 한다.

즉흥적이고 단발적인 저항행위만으로는 사회부정의 극복이 어렵다. 주의 깊은 전략 수립과 실행이 뒷받침될 때 비폭력 저항운동의 성공 가능성은 제고될 수 있다. 사회운동 주체들의 전략적 역량 강화는 보다 평화롭고 정의로운 사회로 나아가는 데 필수적인 과제라 할 수 있겠다.

함께하는 힘

비폭력 저항에는 캠페인 전략이 중요하지만 이 외에도

고려해야 할 사항들이 있다. 사회운동은 다양한 강점, 관점, 변화 이론을 가진 많은 개인과 조직으로 구성되어 있기 때문이다. 운동의 승리를 위해서는 우리 자신의 역할뿐만 아니라 운동에 참여하는 다른 이들의 역할도 효과적으로 파악하고 소중히 여기는 것이 필요하다.

이와 관련하여 미국의 작가이자 사회운동가인 빌 모이어는 오랜 기간 동안의 관찰과 참여 경험을 바탕으로 시민, 행동가, 개혁가, 조직가라는 활동가의 네 가지 역할을 정의했다. 그는 이를 바탕으로 맵Movement Action Plan, MAP이라는 사회운동의 8단계 전략 로드맵을 제시하기도 했다. 광장에 나온 시위대로 볼 수 있는 '시민', 합법과 비합법을 넘나들며 급진적인 형태의 직접행동을 주로 하는 '행동가', 사회의 공식 기관 내에서 협상과 타협을 하며 활동하는 '개혁가', 그리고 체제 변화를 꿈꾸는 '조직가'는 모두 사회 변화의 주체들이다.

빌 모이어가 제시한 네 가지 활동가 역할은 한국의 사회운동에서도 분명히 관찰된다. 내란의 어둠을 밝히는 응원봉들은 민주주의, 자유, 정의, 안보, 가족 등 널리 알려진 가치에 호소하는 '시민' 역할의 전형을 보여준다. 병역거부자들이나 무기박람회 저항행동 활동가들은 '행동가' 역할을 수행하며 때로는 처벌을 감수하면서까지 직접행동을 전개한다. 사회단체에서 정책 제안과 입법운동을 하는 활동가들은 '개혁가'로서 제도권 내에서의 변화를 추구한다. 풀뿌리조직을 만들고 교육과 훈련을 통해 운동의 기반을 다지는 대부분의 사회단체들은 '조직가'의 역할을 수행한다. 이러한 다양한 역할이 상호보완적으로 작용할 때 운동은 더욱 큰 영향력을 발휘할 수 있다. 각 역할은 누가 옳고 그른 것이 아니며 역할들 공히 효과적이거나 비효율적이 될 수 있다. 또한 각기 다른 역할이 운동의 단계에 따라 전면에 등장하며 중요해지기도 하고 그 반대가 되기도 한다.

그러나 활동가들은 이러한 역할 간 차이를 편안하게 받아들이지 않는 경우가 많다. 물론 무조건적으로 모두가 조화롭게 지내야 한다는 뜻은 아니다. 다만 각자의 역할을 효과적으로 수행할 때 집단의 영향력이 커질 가능성이 높다는 점을 인식할 필요가 있다. 활동가들은 운동의 문제의식과 해법, 실천 방식 등에 있어 다양한 관점을 가질 수밖에 없다. 이러한 차이를 인정하고 존중하는 태도가 요구된다.

비폭력 저항운동의 성공을 위해서는 조직 자체에 대한 성찰도 병행되어야 한다. 사회운동단체는 규모도 형태도 다양하다. 수십 명의 유급 활동가들이 일하는 엔지오부터 수만 명의 조합원을 거느린 노동조합, 모든 활동가가 무급 자원활동가들로 구성된 소규모 단체도 있다. 그리고 그 사이의 엄청나게 다양한 형태와 모양을 가진 수많은 단체들이 존재한다. 모든 사회운동 조직의 중심에는 공통된 사명이나 목적이 있으며 그것을 달성하는 방법을 설명하는 전략이 있다. 그리고 이 모든 것을 달성 가능하게 하는 (혹은 안타깝게 방해하기도 하는) 조직 구조와 조직 문화가 있다.

사회운동의 많은 신입 활동가들이 단체의 사업에 의견을 제시할 수는 있어도 구조에 영향을 미칠 수는 없다고 토로한다. 완고하게 굳어진 기존 단체의 구조는 내부적 성찰을 가로막고, 신입 활동가들이 문제의식을 느껴도 이를 제기하기 어렵게 만든다. 저항운동의 전략을 모색하는 과정에서 조직 구조의 타당성을 함께 살펴보는 단체야말로 건강한 조직이라 할 수 있다. 건강한 운동에는 집단의 목표 달성을 뒷받침하는 실효성 있는 구조와 함께, 구성원들이 소속감을 느끼고 성장할 수 있는 문화가 요구된다.

활동가들은 자신의 성취를 인지하고 영향력을 행사하는 데서 보람을 느낀다. 또한 업무와 목표 간 연결고리를 확인함으로써 자신이 지향하는 세상을 만드는 데 기여하고 있음을 자각하고 싶어 한다. 조직 구조와 문화를 성찰하고 발전시키기 위한 노력은 결코 과소평가되어서는 안 된다. 운동의 구조와 전략은 저변 확대와 구성원들의 헌신을 이끌어내는 데 모두 중요한 역할을 한다.

우크라이나에서 배우는 저항의 가능성

2024년 12월 초 우크라이나평화주의운동Ukrainian Pacifist Movement, UPM의 사무국장 유리 셸리아젠코는 양국 정부의 상반된 입장에 대한 강력한 대중적 지지는 여전히 존재하지만 대부분의 사람들은 정부의 극단적인 요구를 받아들여 전쟁에 참여하는 것을 꺼리고 있다고 전했다. 러시아 정부는 군 복무 거부자와 반전운동가들을 '외국 기관'으로 규정하고 끊임없이 탄압해왔으며, 우크라이나 역시 이들을 투옥하고 18~60세 남성들을 거리에서 체포해 강제로 징집소로 이송하는 등 전쟁 참여를 거부하는 이들에 대한 비인도적 대우가 이어지고 있다. 이로 인해 구금 중 사망 사례까지 발생했다. 양국에서는 이미 수백만 명의 사람들이 강제동원을 피해 자국을 떠났고, 러시아군과 우크라이나군 내에서도 탈영이 만연한 상황이다.

우크라이나 정부는 무력을 통해 이 전쟁에서 승리하려 하고 있지만, 우크라이나와 러시아, 그리고 제3국의 시민들은 이미 민간인 기반의 비협조를 실천해왔다. 다만 이러한 움직임이 잘 알려지지 않았을 뿐이다. 러시아 침공을 보도한 독립 러시아 방송국이 폐쇄 조치를 당하자 생방송 중 '전쟁 반대'를 선언하며 모든 스태프들이 퇴장한 일화는 비교적 잘 알려져 있다. 러시아 정교회 총대주교는 개인적으로 푸틴과 가깝게 지내며 그에게 도덕적 정당성을 부여해왔지만, 다수의 성직자들은 우크라이나에서의 러시아군 철수를 요구하는 온라인 청원에 서명하기도 했다. 전선에 투입된 일부 러시아 군인들은 차량의 디젤유를 빼내거나 주요 부품을 의도적으로 잘못 배치하는 등의 방식으로 저항하고 있다. 푸틴의 동원령을 피해 한국으로 피난처를 찾아온 러시아인들도 있다.

이 전쟁이 어떤 결말을 맞게 될지는 현시점에서 예측하기 어렵다. 그러나 한국에서도 이들의 저항을 지원하는 연대 활동을 펼칠 수 있을 것이다. 실제로 한국의 평화운동은 그간 한국산 무기의 우크라이나 수출이나 이전에 반대하는 한편, 북한군의 러시아 파병에 따른 한국군의 우크라이나 파병 가능성에도 반대 입장을 표명해왔다. 또한 앞서 언급한 러시아 병역거부 난민들을 지원하는 활동도 전개하고 있다. 한국의 평화운동은 상대적으로 규모가 작고 단일한 입장을 보이고 있어 내부 갈등의 소지는 적은 편이다. 반면 미국이나 유럽의 평화운동 진영에서는 무력 지원을 포함한 우크라이나의 요구사항을 수용해야 한다는 의견이 적지 않은 것으로 알려져 있다. 전쟁이 이미 발발했고 우크라이나가 무력 저항을 선택한 이상, 이는 모두에게 고민스러운 문제가 아닐 수 없다.

전쟁없는세상은 반전운동의 기반이 우리의 일상에서 출발해야 한다고 믿는다. 전쟁을 가능케 하는 일상의 기둥들을 식별하고 이를 해체하는 작업이 필요하다. 이 책의 또 다른 장점은 우리가 참고할 만한 다양한 비폭력행동의 사례들을 소개하고 있다는 점이다. 어떤 사례는 벤치마킹이 가능할 것으로 보이는 반면, 또 어떤 사례는 한국사회에는 적합하지 않을 것 같다는 생각이 번역 과정 내내 머릿속을 맴돌았다. 이에 대해 동료 활동가들과 토론을 나누고 싶다는 욕구도 생겼다. 부디 이 책이 평화로운 사회로 향하는 여정에 필요한 다양한 비폭력행동의 아이디어와 논리를 제공하는 자료가 되기를 바란다.

최정민

1 Felip Daza Sierra, "Ukrainian Nonviolent Civil Resistance in the Face of War: Analysis of Trends, Impacts and Challenges of Nonviolent Action in Ukraine between February and June 2022," ICIP & Novact, 2022.

2 같은 글.

3 같은 글.

4 Senthil Ram, "The Tibet Issue, 1987-1997: Internationalization and Media Mobilization," Jawaharlal Nehru University, 2001.

5 보이콧은 특정 개인, 상점, 조직 등과의 거래를 공동으로 거부하는 것으로, 문장에서 언급된 비협조 전략의 대표적인 행동이다. —옮긴이

6 비협조란 폭력이나 부정의를 야기하는 개인, 정부, 기관의 활동이나 그들의 정책 및 법률에 협력하기를 거부하고 그 제도가 불공정한 정책을 유지하기 어렵게 만들거나 아예 불가능하게 만듦으로써 제도의 권위를 허물어뜨리는 행동을 말한다. 긴급한 도덕적 선택에 직면했을 때 복종을 거부하거나 보류하는 행동은 비폭력 사회운동 분야에서 가장 널리 연구되는 주제 중 하나이다. 한국에서 잘 알려진 비협조행동은 군에 협조하지 않는 양심적 병역거부가 있다. 이 외에도 학생들의 수업 거부나 등교 거부, 피난처 제공, 소비자 불매운동, 세금 납부 거부운동, 파업, 선거 참여 거부, 각종 보이콧 등 다양한 방식이 있다. 미국의 정치학자 진 샤프는 비협조를 사회적, 경제적, 정치적 비협조로 구분하고 그 아래 수십 가지의 사례를 정리하였다. 비협조운동은 간디의 인도 독립운동 전술로 유명하며, 한나 아렌트의 관찰에서 볼 수 있듯이 '명령만 따르라'는 관료적 압력에 맞서는 변화의 열쇠로 강조된다. —옮긴이

7 Sierra, "Ukrainian Nonviolent Civil Resistance in the Face of War: Analysis of Trends, Impacts and Challenges of Nonviolent Action in Ukraine between February and June

2022," 앞의 책.

8 성직자에 대한 이야기는 다음 책을 기반으로 한 것이다. Torleiv Austad, *Kirkelig motstad: Dokumenter fra den norske kirkekamp under okkupasjonen 1940-45 med innledninger og kommentarer [Church Resistance: Documents from the Norwegian Church Struggle during the Occupation 1940-45 with Introductions and Comments]*, Kristiansand, Norway: Høyskoleforlaget, 2005.

9 교사들에 대한 이야기는 다음 출처들을 바탕으로 하였다. Nicola Karcher, *Kampen om skolen: Nazifisering og lærernes motstand i det okkuperte Norge [The Struggle for the School: Nazification and the Teachers' Resistance in Occupied Norway]*, Oslo: Dreyers Forlag, 2018.; Sverre S. Amundsen, ed. *Kirkenesferda 1942*, Oslo: Cappelen, 1946.; Gene Sharp, *Tyranny Could Not Quell Them*, London: Publications Committee of Peace News, 1958.

10 출처에 따라 수치는 매우 다양하다. 자세한 내용은 다음을 참조하라. Karcher, *Kampen om skolen: Nazifisering og lærernes motstand i det okkuperte Norge*.

11 흔히 조직화를 특정 행동이나 집회에 최대한 많은 사람들이 참여할 수 있게 동원하는 것으로 오해하는 경우가 많다. 그러나 실제 조직화는 단순한 동원이 아니라 사람들의 역량을 개발하고 운동 전반에 걸쳐 사람들을 관계적으로 연결하는 것을 의미한다. 조직활동가들은 운동의 리더십 그룹으로 조직화를 통해 관계를 엮고 권력을 행사할 수 있는 민주적 구조를 만든다. 조직활동가는 사람들이 스스로 문제를 정의하고, 스스로 해결책을 만들고, 목표를 달성하기 위해 어떤 전술을 사용할지 결정하도록 지원하는 역할을 한다. —옮긴이

12 Gene Sharp, *The Politics of Nonviolent Action*, Boston: P. Sargent Publisher, 1973.

13 Howard Clark, *Civil Resistance in Kosovo*, London: Pluto Press, 2000.

14 건설적 저항은 사회운동이 무너뜨리려고 하는 지배적인 구조나 권력관계를 대체하려는 노력을 총칭하는 용어다. 이는 비판, 항의, 반대 활동과 함께 다양한 형태로 현재에 대한 대안을 구축하고 실험하는 행동을 의미한다. 평화 연구에서 다루는 간디의 건설적 프로그램Constructive Program이나 다양한 사회운동 문헌에서 논의되는 예시적 정치Prefigurative politic 등이 이와 유사한 개념이다. —옮긴이

15 Majken Jul Sørensen, Stellan Vinthagen, and Jørgen Johansen, *Constructive Resistance: Resisting Injustice by Creating Solutions*, London: Rowman & Littlefield, 2023.

16 덴마크인들은 비폭력적인 방법으로 두 가지 중요한 저항을 펼쳤다. 하나는 나치의 전쟁 수행을 돕지 않는 것이었고, 점령 후반에는 덴마크 유대인들이 강제수용소로 끌려가는 것을 막아내는 일이었다. 1999년에 제작된 〈더 강력한 힘A Force More Powerful〉이라는 전 세계 비폭력 투쟁에 관한 장편 다큐멘터리에서도 이 덴마크의 저항 사례를 다루고 있다. 다음 링크에서 다큐멘터리와 배경 정보, 타임라인, 시놉시스 등을 볼 수 있다. http://www.withoutwar.org/?p=9252 —옮긴이

17 Jacques Semelin, *Unarmed against Hitler: Civilian Resistance in Europe, 1939-1943*, Westport, CT: Praeger, 1993.

18 우리가 흔히 데모라고 하면 생각할 수 있는 그런 종류의 상징적 행동들을 말한다. 주로 다른 사람들의 행동, 의견, 정책, 법률 또는 정치적 결정에 반대하거나 이를 변경하도록 설득하기 위한 상징적인 말과 행동이다. 이는 비협조나 개입까지 가지 않는,

일반적이고 누구나 참여할 수 있는 위험성이 덜한 활동들이라 할 수 있다. 목표로 하는 대상이나 행동을 통해 기대하는 효과가 직접행동이나 개입보다 훨씬 넓고 다양하며 간접적인 효과까지 포괄한다. 대표적인 예로 시위를 들 수 있는데, 이는 배너나 플래카드를 들고 집회나 행진을 하며 불만을 표현하는 행위이다. '내란 우두머리' 피의자 윤석열 대통령의 탄핵과 체포를 요구하는 촛불처럼 대규모 인원이 모일 경우 그 자체로도 큰 영향력을 발휘할 수 있다. 또한 요즘 많이 활용되는 온라인 탄원도 흔한 항의/설득행동이다. 이 외에도 피케팅, 각종 선전물, 로비, 예배, (철야) 농성, 연극, 음악, 순례, 장례식, 항의성 토론회 등 다양한 형태가 있다. —옮긴이

19 직접행동은 투표나 정치인 로비와 같은 간접적 방식과 달리, 목표를 직접 달성하기 위해 사람들이 자신의 힘을 사용하는 행동 형태이다. 직접행동은 종종 파괴적인 성격을 띠며, 사람들이 자신의 신체를 사용하여 특정 상황을 야기하거나 저지하고 집단적 행동으로 목표에 압력을 가하는 방식으로 나타난다. 직접행동의 예로는 피케팅, 파업에서부터 봉쇄, 점거 또는 재산 피해 등이 있다. 그러나 항의성 행동이 전부는 아니다. 예컨대 국가나 권력자들이 충족시키지 못하는 필요를 사람들이 스스로 해결하기 위해 조직하는 상호부조 활동도 직접행동의 한 형태로 볼 수 있다. —옮긴이

20 개입은 불의나 폭력이 가장 직접적이거나 만연한 시간과 장소에서 그것을 예방하거나 중단하기 위해 취하는 행동이다. 이 범주의 행동은 크게 두 가지로 나눌 수 있다. 하나는 어떤 상황에 개입하기 위해 대안적인 무언가를 창조하는 긍정적 행동이고, 다른 하나는 반대 대상을 방해하거나 파괴하는 부정적 행동이다. 대표적인 예시로는 봉쇄(예를 들어 아마존 열대우림 공동체가 벌목꾼이나 광부들의 접근을 막기 위해 도로와 차량을 물리적으로 방해하는 행위), 보호를 위한 존재 및 동반(인간 방패, 분쟁 지역에서 위험에

빠진 사람이나 집단을 보호하기 위한 비무장 경호 등), 무장해제운동(공개적으로 무기를 파괴하거나 해제하고 그 행동에 책임을 지는 행위) 등이 있다. 이 외에도 단식, 필리버스터, 대안언론, 협동조합, 망명정부 등이 이 범주에 속한다. 이러한 개입은 항의/설득이나 비협조보다 훨씬 더 직접적이고 즉각적인 반응을 불러올 수 있으며, 성공할 경우 목표 달성이 더 빠를 수 있는데 이는 이러한 유형의 행동이 유발하는 지장을 일정 기간 용인하거나 견디기가 더 어렵기 때문이다. —옮긴이

21 Kurt Schock, *Unarmed Insurrections: People Power Movements in Nondemocracies*, vol. 22, Social Movements, Protest, and Contention, Minneapolis: University of Minnesota Press, 2005.

22 Erica Chenoweth and Maria J. Stephan, *Why Civil Resistance Works: The Strategic Logic of Nonviolent Conflict*, Columbia Studies in Terrorism and Irregular Warfare, New York: Columbia University Press, 2011. [한국어판: 에리카 체노웨스·마리아 J. 스티븐 지음, 《비폭력 시민운동은 왜 성공을 거두나?》, 강미경 옮김, 두레, 2019]

23 인도네시아로부터 독립을 목표로 한 동티모르 활동가들의 캠페인을 가리킨다. 동티모르는 16세기부터 포르투갈의 식민지였다가 1975년 독립을 선언했으나, 곧 인도네시아군이 침공하여 인도네시아에 합병되었고, 이 과정에서 6만 명의 동티모르인이 사망했다. 독립운동 초기에는 게릴라전이 전개되었으나, 1980년 인도네시아군의 대학살로 약 20만 명이 사망하며 게릴라 활동이 약화되었다. 1987년에 동티모르 민족평의회가 설립되어 체계적인 저항이 시작되었고, 특히 학생들을 중심으로 한 비폭력 저항이 큰 역할을 했다. 1989년 교황 방문 시 첫 공개 시위를 통해 국제적 주목을 받았고, 1991년 산타크루즈 학살 사건으로 국제적 연대가 더욱 확대되었다. 이후 동티모르의 대통령이 된 호세 라모스

오르타의 외교 활동과 1996년 노벨평화상 수상은 국제사회의 지지를 얻는 데 결정적이었다.

오랜 시간이 걸린 저항운동 끝에 동티모르는 마침내 자결권을 묻는 국민투표를 실시할 수 있었다. 인도네시아는 수많은 폭력사태를 일으킨 후에야 철수했고, 정치범들은 석방되었다. 2000년 유엔 평화유지군이 파견되었고, 2002년 5월 독립국가를 수립하였다. —옮긴이

24 독일이 프랑스와 벨기에의 침략으로부터 루르 계곡을 지켜낸 사례를 말한다. 1차 세계대전에서 패배한 독일은 330억 달러의 전쟁 배상금을 지불해야 했지만 전쟁으로 이미 약화된 독일은 이 배상금을 정해진 기간 내에 지불하기가 어려웠다. 독일은 미국 은행들로부터 대출을 받고 프랑스에 배상금 재평가를 요청하는 제안을 했으나 프랑스는 이를 거부하고 벨기에, 이탈리아와 함께 루르 지역의 석탄과 기타 자원을 점령했다. 1923년 1월 11일, 프랑스가 점령을 시작하자 독일 총리는 비폭력 저항을 호소했다. 독일 정부는 '수동적 저항'을 촉구했고 철도산업의 비협조, 석탄 회사들의 함부르크 이전, 우편, 전화, 전신 직원들의 비협조, 7만 5000명 광부들의 파업, 철도시설 방해와 파괴 등의 행동이 벌어졌다. 이에 프랑스는 군사점령을 강화하고 저항자들을 처벌하면서 맞섰고 다수가 사망하기도 했다. 최종적으로 새로 취임한 총리가 1923년 9월 26일 공식적으로 저항 종료를 선언했다. 영국과 미국의 중재로 협상이 진행되었고, 결과적으로 프랑스군은 철수했으며 독일의 채무도 감면되었다. —옮긴이

25 공산주의 헝가리 노동자 인민당의 억압 정책과 소련군의 국가 점령에 항의하기 위해 헝가리 시민들이 이끈 대중 봉기를 일컫는다. 이는 소련군 주둔과 정부의 억압적 성격, 그리고 당시의 탈스탈린화 분위기가 촉발제가 되었다. 부다페스트의 초기 시위는 소련 탱크의 도시 진입을 불러왔고, 이는 오히려 시민들의 분노를 더욱 키웠으며 결국 헝가리 군인들도 봉기에 합류하게 만들었다. 이후 소련군이

철수하자 새 총리는 비공산주의자들을 연립정부에 포함시키고 헝가리의 바르샤바조약 탈퇴를 선언하며 중립국 지위를 추구했다. 하지만 소련은 이를 용납할 수 없었다. 소련군을 주축으로 하고 일부 헝가리군도 포함된 강력한 군대가 부다페스트를 공격했고, 수도의 저항은 곧 진압되었다. 이 저항의 결과로 약 3000명의 헝가리인이 목숨을 잃었고, 20만 명에 달하는 사람들이 해외로 탈출해 난민이 되었다. 이 엄청난 수의 난민 구호 및 재정착 작전은 이후 수십 년 동안 유엔난민기구를 비롯한 인도주의 단체들이 난민 위기에 대응하는 방식을 만드는 데 큰 영향을 미치기도 했다. —옮긴이

26 우리에게는 '프라하의 봄'이라는 단어로도 알려진 체코 공산당의 제한적이지만 중요한 개혁운동을 소련과 중부 유럽의 공산당 지도자들이 저지하기 위해 군대를 보내 침공했던 사례를 가리킨다. 결국 저항세력이 '모스크바 의정서'를 받아들이면서 체코 지도자들의 집권을 얼마간 지켜냈음에도 소련 점령군은 계속 체코에 남아 있었다. 이런 이유로 많은 시위대는 이 운동을 실패로 여겼고, 결국엔 지도자들도 물러났고 소련군의 탄압은 더욱 거세졌다. 이 저항운동은 침공 소식이 전해진 직후부터 사회 각계각층이 참여하면서 놀라운 규모로 확대됐다. 하지만 시위가 일주일을 넘어가면서 저항자들은 지쳐갔고 사기도 점차 떨어졌다. 그래도 점령 기간 내내 저항은 계속됐고, 이때의 저항 정신은 이후의 시위들로 이어져 1989년 벨벳혁명의 밑거름이 되었다. —옮긴이

27 이러한 유사점을 설명해준 예르겐 요한센에게 감사드린다.

28 Erica Chenoweth, "The Future of Nonviolent Resistance," *Journal of democracy*, 31, no. 3, 2020.

29 폭동의 사전적 의미는 법률용어로 내란에까지 이르지는 아니하였으나 집단적 폭력행위를 일으켜 사회의 안녕과 질서를 어지럽게 하는 일을 뜻한다. 사회운동이나 비폭력 연구에서는 이에 대한 정의가 학자별로, 논문의 주제별로 차이가 있지만, 여기서는 민간인 집단이 정치적인 목적으로 모여서 무기 없이 벌이는

집단행동 중에서 재산을 파괴하거나 인명 피해를 일으키는 경우 정도로 정의되고 있는 듯하다. —옮긴이

30 Alexei Anisin, "Debunking the Myths Behind Nonviolent Civil Resistance", *Critical sociology* 46, no. 7-8, 2020.

31 Monika Onken, Dalilah Shemia-Goeke, and Brian Martin, "Learning from Criticisms of Civil Resistance", *Critical Sociology* 47, no. 7-8, 2021.

32 Claus Bundgård Christensen et al., *Danmark Besat: Krig Og Hverdag 1940-45*, 3. reviderede udgave ed., København: Information, 2009.

33 1944년 6월 30일부터 7월 4일까지 5일간 코펜하겐에서 일어난 총파업을 일컫는다. 이는 독일이 내린 통행금지령에 반발한 행동이었다. 독일은 계속되는 사보타주에 덴마크 국민을 처벌할 명분으로 오후 8시부터 오전 5시까지 통행금지령을 내렸고, 더운 여름 밤 사람들은 8시 이후 무조건 실내에 머물러야 했다. 이에 조선소 노동자들은 정원을 가꿀 시간이 부족하다며 정오에 퇴근하는 조기퇴근행동을 시작했고, 점차 사람들도 통금시간을 어기기 시작했다. 결국 독일은 11시로 통금시간을 양보했지만 파업은 5일간 지속되었다. 이 인민 파업은 덴마크 역사상 가장 큰 규모였으며, 독일은 이 단 한 번의 방해행위로 가장 많은 노동시간을 잃었다. —옮긴이

34 Lennart Bergfeldt, "Experiences of Civilian Resistance: The Case of Denmark 1940-1945", PhD, Uppsala University, 1993.

35 Majken Jul Sørensen, "Glorications and Simplications in Case Studies of Danish Wwii Nonviolent Resistance", *Journal of Resistance Studies* 3, no. 1, 2017.

36 다음의 글도 참고하라. William J. Dobson, *The Dictator's Learning Curve: Inside the Global Battle for Democracy*,

First ed., New York: Doubleday, 2012.

37 Zeynep Tufekci, *Twitter and Tear Gas: The Power and Fragility of Networked Protest*, New Haven: Yale University Press, 2017.

38 Brian Martin, *Justice Ignited: The Dynamics of Backfire*, Lanham: Rowman & Littlefield, 2007.

39 Liam Mahony and Luis Enrique Eguren, *Unarmed Bodyguards: International Accompaniment for the Protection of Human Rights*, West Hartford, Conn: Kumarian Press, 1997.

40 라틴아메리카에서 가장 오랫동안 지속된 독재정권 중 하나였던 소모자 왕조를 무너뜨리고 성립한 산디니스타 정부와 미국의 지원을 받은 반군 콘트라와의 전쟁을 말한다. 민중봉기를 이끈 산디니스타 민족해방전선은 소모사 정권에 맞서 19년 동안 투쟁했다. 당시 라틴아메리카 전역에서 산디니스타 혁명은 환호와 열광을 불러일으켰으며 혁명 초기에는 가난한 니카라과 사람들의 삶이 눈에 띄게 개선되었다. 예를 들어 1980년 5개월간 진행된 대규모 문맹퇴치운동으로 문맹률이 52퍼센트에서 13퍼센트로 감소했고 유아사망률은 1978년 1000명당 121명에서 1987년 63명으로 크게 줄었다. 또한 1985년까지 12만 가구 이상이 농지개혁을 통해 토지를 소유하게 되었다. 그러나 1980년 레이건이 미국 대통령에 당선되면서 이러한 열광은 정치적 대립으로 변했고 결국 잔혹한 전쟁으로 이어졌다. 레이건 독트린은 '세계 어디에서든 소련의 영향력을 몰아내기 위해 자유의 투사들을 지원하겠다'는 목표를 내세웠다. 레이건 행정부는 니카라과가 굴복할 때까지 지속적으로 압박할 것을 정책의 핵심으로 삼았다. 이 과정에서 반군조직인 콘트라가 니카라과에 등장했으며 이들은 미국과 중앙정보국(CIA)의 지원을 받았다. 콘트라는 민간인들에게 막대한 피해를 입히고 니카라과 경제에 큰 타격을 주었으며 산디니스타

군대는 이들과 치열하게 맞섰다. 콘트라의 세력이 강해지면서 산디니스타 정부는 1983년 젊은이들을 군대에 징집해야 한다고 결정했고 이는 이후 평화주의 종교조직들의 병역거부 캠페인과 대립하기도 했다. 1990년 반군들이 유엔에 무기를 넘기면서 전쟁은 일단락되었으나 니카라과에서 조직적인 폭력이 종식되기까지는 수년이 더 걸렸다. —옮긴이

41 전쟁으로 인한 희생자 수를 정확히 파악하는 것은 늘 어려운 일이다. 우크라이나 전쟁의 경우 위키피디아에서 전투 중 사망자와 민간인 사상자에 대해 여러 출처의 추정치를 제시하고 있다. https://en.wikipedia.org/wiki/Casualties_of_the_Russo-Ukrainian_War#Russian_invasion_of_Ukraine. 우크라이나의 부패에 관해서는 다음의 《가디언》 기사를 참조하라. Shaun Walker, "'Ukrainians Understand Corruption Can Kill': Kyiv Takes on an Old Enemy", *The Guardian*, September 19, 2023.

42 Ukrainian Pacifist Movement, "Peace Agenda for Ukraine and the World", International Peace Bureau, https://ipb.org/peace-agenda-for-ukraine-and-the-world/; "Ukrainian Pacifists: War Is a Crime against Humanity", War Resisters´ International, https://wri-irg.org/en/story/2022/ukrainian-pacifists-war-crime-against-humanity.

43 예를 들면 다음과 같은 책들이다. John Paul Lederach, *Building Peace: Sustainable Reconciliation in Divided Societies*, Washington, D.C.: United States Institute of Peace Press, 1997.; Andrew Rigby, *Justice and Reconciliation: After the Violence*, Boulder, Colo.: L. Rienner, 2001.; Antonia Handler Chayes and Martha Minow, *Imagine Coexistence: Restoring Humanity after Violent Ethnic Conflict*, 1st ed., San Francisco: Jossey-Bass, 2003.

44 Dustin Ells Howes, "The Failure of Pacifism and the Success of Nonviolence", *Perspectives on Politics* 11, no. 02, 2013.

45 Alexander Hill, "Deep-Rooted Russian Fear of the West Has Fuelled Putin's Invasion of Ukraine," The Conversation, https://theconversation.com/deep-rooted-russian-fear-of-the-west-has-fuelled-putins-invasion-of-ukraine-178351.

46 '색깔혁명'이라는 용어는 소련 붕괴 10년 후 구소련 지역에서 발생한 정치 엘리트에 반대하는 비폭력 대중 시위를 설명하기 위해 만들어졌다. 가장 활발했고 조직적이며 성공적이었던 색깔혁명은 세르비아(불도저혁명, 2000년), 그루지야(장미혁명, 2003년), 우크라이나(오렌지혁명, 2004년) 등에서 일어났다. 불도저혁명이란 이름은 시위대가 연방의회 건물로 진입하기 위해 불도저를 가지고 온 데서 붙여졌다. 불도저혁명의 리더 중 한 사람인 스르자 포포비치는 독재자 밀로세비치에 맞섰던 세르비아 청년단체 오트포Otpor 활동의 경험을 책으로 엮었고, 이는 2016년 《독재자를 무너뜨리는 법》(박찬원 옮김, 문학동네)이라는 제목으로 한국어판이 출간되었다. 장미혁명은 시위대가 빨간 장미를 들고 시위를 벌이거나 군대와 충돌했을 때 장미꽃이나 키스를 건넨 것에서 이름이 붙여졌다. 오렌지혁명은 부정선거로 진 야당 후보의 선거 캠페인 색깔을 시위대가 착용한 데서 기인한다. 이 외에도 2005년 키르기스스탄의 튤립혁명, 2002~2005년 쿠웨이트의 청색혁명, 2005년 레바논의 삼나무혁명 등이 있다. —옮긴이

47 Evgeny Finkel and Yitzhak M. Brudny, eds., *Coloured Revolutions and Authoritarian Reactions*, Oxon: Routledge, 2013; Andrew Wilson, *Ukraine's Orange Revolution*, New Haven: Yale University Press, 2005.

48 이 법은 국적이나 지역에 관계없이 시민운동 참여자나 러시아의 정책 또는 공직자의 행위에 대해 의견을 표명하는 거의 모든

개인이나 단체를 '외국 기관'으로 지정할 수 있게 한다. '외국 기관'으로 지정되면 공직 진출이 제한되고 선거관리위원회 참여가 금지되며 정책 결정 과정에서 자문이나 전문가 자격으로 활동하는 것도, 선거운동이나 정당에 기부하는 것도 할 수 없게 된다. 이 때문에 이 법은 러시아의 표현의 자유와 정당한 시민 활동을 침해한다는 비판을 받고 있다. —옮긴이

49 Igor Gretskiy, "Is There Life in the Desert? Russian Civil Society after the Full-Scale Invasion of Ukraine", Tallinn, Estonia: International Centre for Defence and Security, May 2023.

50 푸시라이엇은 2011년에 설립된 러시아의 페미니스트 펑크 액티비즘 예술단체다. —옮긴이

51 예를 들어 다음을 보라. Pjotr Sauer, "'We're Tired of Being Good Girls': Russia's Military Wives and Mothers Protest against Putin," *The Guardian*, December 25 2023.

52 Benoît Vitkine, "The Committee of Soldiers' Mothers of Russia Resumes Its Fight," *Le Monde*, October 1st, 2022.

53 예를 들어 'Beautiful Trouble Strategy Cards'(https://beautifultrouble.org) 또는 'People Power: The Civil Resistance Game'(http://peoplepowergame.com)과 같은 것들이 있다. 전쟁없는세상에서 제작한 보드게임 '세상을 바꾸다: 광장에서 국회까지'도 사회운동 전략 시뮬레이션 게임이다. 이 게임의 룰북은 전쟁없는세상 유튜브 채널에서 볼 수 있다. https://youtu.be/G4DrkvpbDGQ —옮긴이

54 Jørgen Johansen and Brian Martin, *Social Defence*, Sparsnäs, Sweden: Irene Publishing, 2019.

55 같은 책.

56 George East, "Ready for Russia: Lithuanians Taught How to Resist Invasion," *The Guardian*, December 5 2016.

57 Johansen and Martin, *Social Defence*; Robert J. Burrowes, *The Strategy of Nonviolent Defense: A Gandhian Approach*, Albany: State University of New York Press, 1996.

58 한국어판은 출간되지 않았지만 전쟁없는세상의 서평(http://www.withoutwar.org/?p=18256)을 통해 책의 주요 주장들을 살펴볼 수 있다. —옮긴이

참고문헌

Amundsen, Sverre S., ed. *Kirkenesferda 1942[The Journey to Kirkenes 1942]*. Oslo: Cappelen, 1946.

Anisin, Alexei. "Debunking the Myths Behind Nonviolent Civil Resistance." *Critical sociology* 46, no. 7-8 (2020): 1121-39.

Austad, Torleiv. *Kirkelig motstad: Dokumenter fra den norske kirkekamp under okkupasjonen 1940-45 med Innledninger og kommentarer.* [Church Resistance: Documents from the Norwegian Church Struggle during the Occupation 1940-45 with Introductions and Comments]. Kristiansand, Norway: Høyskoleforlaget, 2005.

Bergfeldt, Lennart. "Experiences of Civilian Resistance: The Case of Denmark 1940-1945." PhD, Uppsala University, 1993.

Boulding, Elise. *Cultures of Peace: The Hidden Side of History.* Syracuse Studies on Peace and Conflict Resolution. Syracuse, N.Y.: Syracuse University Press, 2000.

Bundgård Christensen, Claus; Joachim Lund; Niels Wium Olesen, and Jakob Sørensen. *Danmark besat: Krig og hverdag 1940-45*. 3rd revised edition. København: Information, 2009.

Burrowes, Robert J. *The Strategy of Nonviolent Defense: A Gandhian Approach*. Albany: State University of New York Press, 1996.

Chayes, Antonia Handler, and Martha Minow. *Imagine Coexistence: Restoring Humanity after Violent Ethnic Conflict*. San Francisco: Jossey-Bass, 2003.

Chenoweth, Erica. "The Future of Nonviolent Resistance." *Journal of democracy* 31, no. 3 (2020): 69-84.

Chenoweth, Erica, and Maria J. Stephan. *Why Civil Resistance Works: The Strategic Logic of Nonviolent Conflict*. Columbia Studies in Terrorism and Irregular Warfare. New York: Columbia University Press, 2011.

Clark, Howard. *Civil Resistance in Kosovo*. London: Pluto Press, 2000.

Dobson, William J. *The Dictator's Learning Curve: Inside the Global Battle for Democracy*. New York: Doubleday, 2012.

East, George. "Ready for Russia: Lithuanians Taught How to Resist Invasion." *The Guardian*, 5th December 2016. Accessed 29th January 2024 https://www.theguardian.com/world/2016/dec/05/ready-for-russia-lithuanians-taught-how-to-resist-invasion.

Finkel, Evgeny, and Yitzhak M. Brudny, eds. *Coloured Revolutions and Authoritarian Reactions*. Oxon: Routledge, 2013.

Gretskiy, Igor. "Is There Life in the Desert? Russian Civil Society after the Full-Scale Invasion of Ukraine." Tallinn, Estonia: International Centre for Defence and Security, May 2023.

Hill, Alexander. "Deep-Rooted Russian Fear of the West Has Fuelled Putin's Invasion of Ukraine." The Conversation, Accessed 22nd December 2023 https://theconversation.com/deep-rooted-russian-fear-of-the-west-has-fuelled-putins-invasion-of-ukraine-178351.

Howes, Dustin Ells. "The Failure of Pacifism and the Success of Nonviolence." *Perspectives on Politics* 11, no. 02 (2013): 427-46.

Johansen, Jørgen, and Brian Martin. *Social Defence*. Sparsnäs, Sweden: Irene Publishing, 2019.

Karcher, Nicola, *Kampen om skolen: Nazifisering og lærernes motstand i det okkuperte Norge [The Struggle for the School: Nazification and the Teachers' Resistance in Occupied Norway]*, Oslo: Dreyers Forlag, 2018.

Lederach, John Paul. *Building Peace: Sustainable Reconciliation in Divided Societies*. Washington, D.C.: United States Institute of Peace Press, 1997.

Mahony, Liam, and Luis Enrique Eguren. *Unarmed Bodyguards: International Accompaniment for the Protection of Human Rights*. West Hartford, Conn: Kumarian Press, 1997.

Martin, Brian. *Justice Ignited: The Dynamics of Backfire*. Lanham: Rowman & Littlefield, 2007.

Onken, Monika; Dalilah Shemia-Goeke, and Brian Martin. "Learning from Criticisms of Civil Resistance." *Critical Sociology* 47, no. 7-8 (June 2021): 1191-203.

Ram, Senthil. "The Tibet Issue, 1987-1997: Internationalization and Media Mobilization." Jawaharlal Nehru University, 2001.

Rigby, Andrew. *Justice and Reconciliation: After the Violence*. Boulder, Colo.: L. Rienner, 2001.

Sauer, Pjotr. "'We're Tired of Being Good Girls': Russia's Military Wives and Mothers Protest against Putin." *The Guardian*, 25th December 2023. Accessed 26th January 2024 https://www.theguardian.com/world/2023/dec/25/russia-military-wives-mothers-protest-against-putin-war-ukraine-troops-female.

Schock, Kurt. *Unarmed Insurrections: People Power Movements in Nondemocracies*. Social Movements, Protest, and Contention Vol. 22, Minneapolis: University of

Minnesota Press, 2005.

Semelin, Jacques. *Unarmed against Hitler: Civilian Resistance in Europe, 1939-1943*. Westport, CT: Praeger, 1993.

Sharp, Gene. *The Politics of Nonviolent Action*. Boston: P. Sargent Publisher, 1973.

———. *Tyranny Could Not Quell Them*. London: Publications Committee of Peace News, 1958.

Sierra, Felip Daza. "Ukrainian Nonviolent Civil Resistance in the Face of War. Analysis of Trends, Impacts and Challenges of Nonviolent Action in Ukraine between February and June 2022." International Catalan Institute for Peace (ICIP), International Institute for Nonviolent Action (Novact), German Friedrich-Schiller-University Jena and German peacebuilding NGO Corridors - Dialogue through Cooperation, 2022.

Sørensen, Majken Jul. "Glorications and Simplications in Case Studies of Danish WWII Nonviolent Resistance." *Journal of Resistance Studies* 3, no. 1 (2017): 99-137.

Sørensen, Majken Jul; Stellan Vinthagen, and Jørgen Johansen. *Constructive Resistance: Resisting Injustice by Creating Solutions*. London: Rowman & Littlefield, 2023.

Tufekci, Zeynep. *Twitter and Tear Gas: The Power and Fragility of Networked Protest*. New Haven: Yale University Press, 2017.

Ukrainian Pacifist Movement. "Peace Agenda for Ukraine and the World." International Peace Bureau, Accessed 26th January 2024 https://ipb.org/peace-agenda-for-ukraine-and-the-world/.

———. "Ukrainian Pacifists: War Is a Crime against Humanity."

War Resisters' International, Accessed 26th January 2024 https://wri-irg.org/en/story/2022/ukrainian-pacifists-war-crime-against-humanity.

Vitkine, Benoît. "The Committee of Soldiers' Mothers of Russia Resumes Its Fight." *Le Monde*, 1st October 2022. Accessed 28th December 28th 2023 https://www.lemonde.fr/en/international/article/2022/10/01/the-committee-of-soldiers-mothers-of-russia-resumes-its-fight_5998753_4.html.

Walker, Shaun. "'Ukrainians Understand Corruption Can Kill': Kyiv Takes on an Old Enemy." *The Guardian*, 19th September 2023. Accessed 26th January 2024 https://www.theguardian.com/world/2023/sep/19/corruption-kyiv-takes-on-an-old-foe-wartime.

Wilson, Andrew. *Ukraine's Orange Revolution*. New Haven: Yale University Press, 2005.

전쟁 없는 세상

초판 1쇄 펴낸날	2025년 2월 17일
지은이	마이켈 율 쇠렌센
옮긴이	최정민
펴낸이	박재영
기획	전쟁없는세상
편집	임세현·이다연
마케팅	신연경
디자인	조하늘
제작	제이오
펴낸곳	도서출판 오월의봄
주소	경기도 파주시 회동길 363-15 201호
등록	제406-2010-000111호
전화	070-7704-5240
팩스	0505-300-0518
이메일	maybook05@naver.com
X(트위터)	@oohbom
블로그	blog.naver.com/maybook05
페이스북	facebook.com/maybook05
인스타그램	instagram.com/maybooks_05

ISBN 979-11-6873-141-7 02300

만든 사람들

책임편집	이다연
디자인	조하늘